U0516755

星云说喻

丛书

慈悲力无穷

拥有慈悲心的人，
才是最富有、最快乐的人

星云大师 著

中华书局

图书在版编目（CIP）数据

慈悲力无穷/星云大师著. —北京:中华书局,2016.7
（星云说喻）
ISBN 978-7-101-11103-3

Ⅰ.慈… Ⅱ.星… Ⅲ.佛教-人生哲学-通俗读物
Ⅳ.B948-49

中国版本图书馆 CIP 数据核字（2016）第 043548 号

书　　　名	慈悲力无穷
著　　　者	星云大师
丛 书 名	星云说喻
责任编辑	方韶毅
出版发行	中华书局
	（北京市丰台区太平桥西里 38 号　100073）
	http://www.zhbc.com.cn
	E-mail:zhbc@zhbc.com.cn
印　　　刷	北京瑞古冠中印刷厂
版　　　次	2016 年 7 月北京第 1 版
	2016 年 7 月北京第 1 次印刷
规　　　格	开本/889×1194 毫米　1/32
	印张 6¾　插页 8　字数 120 千字
印　　　数	1-8000 册
国际书号	ISBN 978-7-101-11103-3
定　　　价	34.00 元

星云大师传略

　　大师生于一九二七年，江苏江都人。幼年家贫，辍学，因父母忙于家务，随外祖母长居多时。后卢沟桥中日战起，父或因战火罹难，与母寻父途中，有缘于南京栖霞山礼志开上人披剃，实际祖庭为江苏宜兴大觉寺。

　　一九四九年至台湾，大师担任台湾佛教讲习会教务主任，并主编《人生》杂志。一九六七年于高雄开创佛光山，树立"以文化弘扬佛法，以教育培养人才，以慈善福利社会，以共修净化人心"之宗旨，致力推动"人间佛教"，并融古汇今，手订规章制度，印行《佛光山清规手册》，将佛教带上现代化的新里程。

　　大师出家七十余年，于全球创建二百余所寺院，十六所佛教学院，二十三所美术馆、图书馆、出版社、书局等，相继成立育幼院、佛光精舍、慈悲基金会，捐献佛光中小学和佛光医院数十所,从事急难救助,育幼养老,扶弱济贫事业。

一九七六年大师创办《佛光学报》,翌年成立"佛光大藏经编修委员会",主持编纂《佛光大藏经》及《佛光大辞典》。一九八八年成立佛光山文教基金会,主要致力于举办学术会议,出版学术论文集、期刊等。一九九七年主持出版《中国佛教经典宝藏精选白话版》一百三十二册、《佛光大辞典》光盘版,设立"佛光卫星电视台"(后更名为"人间卫视"),并于台中协办广播电台。二〇〇〇年创办《人间福报》,是为第一份由佛教界发行的日报。

二〇〇一年,大师将发行二十余年的《普门》杂志转型为《普门学报》论文双月刊,收录海峡两岸有关佛学的硕、博士论文及世界各地汉文论文,辑成"法藏文库"《中国佛教学术论典》共一百一十册。二〇一三年,主持出版《世界佛教美术图说大辞典》二十卷册。二〇一四年主持出版《佛光大辞典》增订版、《献给旅行者365日——中华文化佛教宝典》以及《金玉满堂》人间佛教教材。

大师著作等身,撰有《释迦牟尼佛传》《佛教丛书》

《佛光教科书》《往事百语》《佛光祈愿文》《迷悟之间》《人间万事》《当代人心思潮》《人间佛教当代问题座谈会》《人间佛教系列》《人间佛教语录》《人间佛教论文集》《僧事百讲》《百年佛缘》等著作近百部，总计二千余万言，并被译成英、德、日、韩、西、葡等二十余种语言，流通世界各地。

大师教化弘广，有来自世界各地跟随出家之弟子两千余人，全球信众达数百万。大师一生弘扬人间佛教，对"欢喜与融合""同体与共生""尊重与包容""平等与和平""自然与生命""圆满与自在""公是与公非""发心与发展""自觉与行佛"等理念多所发扬。一九九一年成立国际佛光会，大师被推为世界总会会长，后于五大洲一百七十余个国家地区成立分会，成为全球华人最大的社团，实践"佛光普照三千界，法水长流五大洲"的理想。二〇〇三年，国际佛光会通过联合国审查，正式加入"联合国非政府组织"（NGO）。由于大师在文化、教育及关怀全人类之突出贡献，先后荣膺世界各大学颁赠荣誉博士学位多个，国际间获奖无数。

大师致力于中华文化复兴及两岸文化交流，成果斐然。二〇〇四年，大师应聘担任"中华文化复兴运动总会"宗教委员会主任委员,与基督教、天主教、道教等领袖,共同出席"和平音乐祈福大会",促进宗教交流,发挥宗教净化社会人心之功用;先后与著名汉学家马悦然教授(斯德哥尔摩大学、诺贝尔文学奖终身评委)、罗多弼教授(斯德哥尔摩大学)、傅高义教授(哈佛大学)及诺贝尔文学奖得主莫言先生等人进行人文交流座谈。

近年,大师于江苏宜兴复兴祖庭大觉寺,并捐建中国书院博物馆、扬州鉴真图书馆、南京大学佛光楼,成立扬州讲坛、星云文化教育公益基金会等,积极推动文化教育,以期能促进两岸和谐发展,共创繁荣新局面。

大师一生弘扬人间佛教,对佛教制度化、现代化、人间化、国际化的发展,可说厥功至伟!

自序：我愿化作一点心光

古老的佛经，往往以譬喻的形式，巧妙地铺陈甚深的妙义，如《阿弥陀经》中，以宝池、楼阁等种种声光形色，或隐或现地引喻极乐世界的华丽和香洁。又如《普门品》以种种厄难为喻，为我们描绘观世音菩萨寻声救苦时，种种无畏的清净和慈悲。

佛经往往以譬喻为渡船，救人上岸；以譬喻为灯光，照破昏暗；以譬喻为井泉，赐人清凉。在繁忙紧凑的现代生活步调中，也许一则故事的引领，能破解你多年沉淀心头的世情公案，一两句法语可以激起你内在革新的力量，为身心加油，为生活助力。

当白日的喧嚣散去，夜半的一盏灯，一杯茶，一则说喻，化身为心灵知己，与你素面相见，叙谈友情、家庭、世情、人生。

《星云说喻》丛书共十册，是集我在电视台"星云说喻"栏目中所讲的古今中外近千则譬喻故事而成。我祈愿读者阅读这些譬喻，如山泉洗涤人间的尘垢，使人人心镜洁净，灵台清明；祈愿读者以廓然的风姿，行化于红尘俗世间，念念觉醒于声色幻影之不实，从而回头开垦一亩心田。

　　与众生携手，我愿奉献身心为炬，化作一点心光，纵使此身被烧烬成灰，也是心甘情愿。

　　中华书局简体字版《星云说喻》丛书付梓在即，我喜为之序。

二〇一五年二月

目 录

如何对待你的仇敌

相信自己能爱"我的仇敌",这并非空谈,也非不可能的事。

弥兰王问那先比丘说:"你们出家人常说怨亲平等、爱我们的仇敌,这个太难做到了。既然是我的仇人、敌人,怎能爱他呢? 这个论调,简直不合乎人情,不合乎事实。"那先比丘说:"大王,做得到的。比方说,这个手上长了一个烂疮,流脓、流血、有臭味,我会如何处理呢? 会把自己的手砍断吗? 不会的,我会细心地清洗、敷药,因为这是我的手,它与我有关系。面对自己的仇敌,也应如是观想:他曾与我有过来往,以后与我还是有因缘的,既然与我有关,又何必要仇恨他? 舍弃他呢? 王啊,这个问题的重点,就在于我们能不能包容罢了!"

过去,佛光山常有人问我:"大师! 我想要出家,有什么条件?"

"要出家只有一个条件,只要经过考试,及格就可以出家。"

"什么条件?"

"佛光山是谁的?"

"是你的。"

"那你不及格。"

"为什么?"

"如果佛光山是我的,那么佛光山再怎样好,你也许一个不满意,就喊着要离开,桃源虽好,终非久恋之乡!"

正确的答案应该是,"佛光山是我的",因为"金角落,银角落,不及自家穷角落"。是我的,它就很可爱、很美好;不是我的,就一切随缘了。

相信自己能爱"我的仇敌",这并非空谈,也非不可能的事;学习将爱扩大,将爱升华,由爱我的亲人开始,再爱我的朋友,爱我的同事,爱众生,爱我的仇敌。慢慢地扩大,慢慢地升华,那么爱我的仇敌,不会是件难事。

国师的侍者

"我是佛"是一句无比灵感的真言,让我们远离身、口、意的过失。

禅门祖师一语道出"即心即佛"的佛法大意,苦口婆心地揭示"我是佛"的道理,无非是期望世人自尊自重,不被根尘所迷,如《大般涅槃经》说:"一切属他,则名为苦;一切由己,自在安乐。"

南阳慧忠国师,感念服务他三十年的侍者,想帮助他开悟。有一天吃饭的时候,国师唤道:"侍者!"

侍者立刻回答:"国师,做什么?"

国师无可奈何道:"不做什么!"

过了一会,国师又叫:"侍者!"

侍者又回答:"国师,做什么?"

国师又无可奈何道:"不做什么!"

过了一会,国师对侍者改口道:"佛祖! 佛祖!"

侍者更茫然不解地反问:"国师,您叫谁呀?"

国师不得已,就明白开示:"我在叫你!"

侍者不明所以:"国师,我是侍者,不叫佛祖呀!"

国师此时慨叹道:"你将来不要怪我辜负你,其实是你辜负了我!"

"国师三唤"的公案,无非要吾人直下承担"我就是佛!"而众生不知自己和三世诸佛寂灭本性是一如的,只痴心认可自己只是个侍者,辜负了诸佛的一片真心。

曾有一位信徒请我写几个字给他,作为纪念,我写下"我是佛"三个字,他一看,立刻摇手,慎重地说:"大师! 我不是佛!"我心里觉得遗憾,怎么不肯承认自己是佛呢?

假如肯承认"我是佛",那么吃烟喝酒时,即刻会想:我是佛,佛会喝酒抽烟吗? 生起嗔恨嫉妒心时,跟人吵架相骂时,即刻想到:我是佛,佛怎么可以骂人呢?

"我是佛"是一句无比灵感的真言,让我们远离身、口、意的过失,能自我承认"我是佛",生活里即能总持佛法,自净其意,奉行诸善,与圣贤同住。

一念的慈悲

回头是岸，这一念的回头，刀山剑树能化为七宝楼阁。

过去有一个无恶不作的坏人叫乾达多，有一天他路过一个地方，定睛一看，脚下一团黑黑的东西，一脚正要踏下去，他忽然生起一念慈悲："蜘蛛小小的生命，我又何必把它踩死呢?"于是抬高脚步，向前跨出，挽救了蜘蛛的一条生命。

乾达多平日穷凶极恶，做尽坏事，因此死后堕入无间地狱，接受刀剐火炼的痛苦，正当他在受苦时，突然从空中飘下一条银光闪闪细如钢针的蜘蛛丝，这是他生前的一念慈悲，让蜘蛛免于一死而得到的果报。

他见到蜘蛛丝，仿佛身陷大海见到慈航般，攀着蜘蛛丝奋力地往上爬，哪知低头一看，许多地狱众生也跟在后面攀爬，他转念一想：这么细小的蜘蛛丝，怎么负荷得了众人的重量，万一蜘蛛丝折断了，我不就万劫不复，永无解脱之期了吗？

于是伸脚把尾随而来的同伴，一个一个踢了下去。当乾达多用力踩踢同伴时，蜘蛛丝突然断裂，乾达多和所有地狱众生，一起掉入黑暗无底的地狱中，再度接受地狱无尽的熬烤之苦。

一念的慈悲，使万恶不赦的乾达多也有得救的机会，但是不能行广大的慈悲，乾达多仍要堕入地狱之中受苦。这段蜘蛛丝，如同佛门所说的同登法界、共成佛道，佛、菩萨因喜众生得救，才能成就无上正等正觉。

回头是岸，这一念的回头，刀山剑树能化为七宝楼阁，凡夫也能成佛。

吉祥草

对生死看开放下，如花随顺季节自然开落，无执无挣扎。

佛经曾记载一个妇女由于独生子死了而伤心欲绝，认为活在世上已无意义。她丧失理智逢人便痴狂地问："我的孩子在哪里？""怎样才可以使我的孩子复活？"有人告诉她，可以去找释迦牟尼佛，你死去的儿子他会有办法救活。

妇人听从建议去找佛陀，要求把她的儿子救活。生死是世间自然之理，生而要死，死了要生，人无法违背这个自然法则。佛陀看到妇人为爱子伤痛痴狂，明白此时她无法接受人生的真相，说："我能了解你丧子的悲痛，如果能找到没有死过人的人家所种的吉祥草，就能让你的儿子死而复生。"

妇人于是发狂似的挨家挨户去询问："你家里有吉

祥草吗？你家里有没有死过人呢？"她急切寻找那能救活孩子的一线生机。

可是世上哪有未曾经历亲人死亡的家庭呢？妇人寻遍千家万户后，最后筋疲力尽、沮丧绝望地回到佛陀面前，佛陀慈祥地开示她："世间哪有不死的人？吉祥草是不可能存在的东西。"妇女一听，终于悟到人世无常至理，她止住了悲伤的泪水，放下愚痴的情爱，皈投在佛陀座下，做一个礼敬三宝的善女人。

生存于世，我们时时都在印证无常的人生法则，相聚总有分离时，拥有以后会散失，好坏成败、悲欢离合、海枯石烂都在无常真理中，哪有迎风摇曳的吉祥草。对生死看开放下，如花随顺季节自然开落，无执无挣扎，如禅师洒脱胸怀，荣枯都好，心不迷境惑染，一切顺乎自然，来来去去自在，上台下台随缘，日日都会是好日子。

想想，花凋任雨落土，叶枯随风坠地，随缘随分，不也绚烂静美？

法的胜利

力的征服不能成为永久的胜利,唯有法的摄受才能赢回真正的胜利。

佛陀涅槃后一两百年之间,印度的国王叫做阿育王,阿育王他相当于我们中国古代的秦始皇,秦始皇并吞六国统一中国,阿育王也统一了印度,战胜了很多弱小的国家。阿育王统一了印度,以战胜者的姿态到各地去巡视,虽然各地的民众夹道欢迎他,不过他看得出那许多的民众,都怀着怨恨的眼光。他觉悟,用武力得来的是土地,并没有征服这许多人的心。

阿育王后来信奉了佛教,就以佛教的慈悲与戒律治国,致力教育的普及、增加人民的福利,并且在各个街头,用石柱刻着佛陀的法语,教敕百姓修行佛法。几年过去了,全国各地转穷为富,转落后为进步,使人民享受快乐的生活。

有一年,阿育王再到那邻近的地方去巡视,老百姓夹道欢呼,声音洋溢着真心诚服的喜悦,眼中对阿育王拥护的敬意表露无遗。阿育王慨叹不已,原来佛陀的真理不虚,力的征服不能成为永久的胜利,唯有法的摄受才能赢回真正的胜利。

　　世间的胜利和成功,不过只是一时的,再强大的武力,征服的是有限的土地,唯有用法的教化才能获得民心,也才是真正的胜利。有句话说,即使你征服得了全世界,也征服不了自己的心,再广大的地球终究有边,但是我们这颗心却能够竖穷三际,横遍十方。

　　力的征服与法的胜利,几千年前,印度的阿育王已为我们作了一个最好的示范。

佛陀救国

爱国不是一句口号而已,在口号之外要有具体的行动。

爱国救国人人有责,即使佛教的教主释迦牟尼佛也不例外。

有一次,憍萨弥罗国的琉璃王征伐迦毗罗卫国,迦毗罗卫国势弱难敌大军,这时候,释迦牟尼佛得知了信息,虽然他已成佛,本应放下政治世事,但为了挽救无辜人民免于战祸,他还是挺身而出。

当时印度有一个风俗,如果出兵打仗,遇到沙门修道者就要退兵。于是,每一次琉璃王的大军要进军征伐迦毗罗卫国时,佛陀就静坐在必经之路的中央,来阻止大军前进。就这样,一次、两次,琉璃王的军队都无功而返。这次,琉璃王出兵又看到佛陀静坐在路中央,终于忍不住上前,向佛陀施礼问道:"佛陀,路边有大树十分阴凉,路中央阳光猛烈,你不要坐在这里,到阴凉的树下去嘛!"佛陀答道:"琉璃王,亲族之荫胜余荫。"听了这句话后,琉璃王很感动,立即下令退兵,后来就停息了战火。

爱国不是一句口号而已,在口号之外要有具体的行动,譬如,有的人勇敢从军报国,守卫家国;有的人勤劳生产,提升国家的竞争力;有的人读书勤学,运用知识造福人群;有的人做好人行善事,照顾伤残、鳏寡孤独,共同创造慈悲安乐的大同世界。

成道的佛陀为护念他的家国与子民的安全,不畏烈日的暴晒,我们学佛修行者,也应该效法佛陀的"上报四重恩"的精神,感念国家覆护之恩,使我们免于流离失所之苦;感念众生因缘成就,令我们色身得以茁壮成长。

穿针看病

一句鼓舞人心的好话，有时候比黄金万两还要宝贵！

在佛陀的十大弟子中，阿难陀尊者常被形容为"相如秋满月，眼似净莲华"，其身相的庄严美好可想而知。但是，他也不是唯一的一位。天眼第一的阿那律尊者，也是相貌端正的美男子，是佛陀的堂弟，同为王族后裔。阿那律道心坚固，虽然美色当前，也能坐怀不乱。

但有一回，佛陀聚众说法，阿那律感到疲倦，竟然打起瞌睡来。佛陀呵斥："咄咄汝好睡，螺蛳蚌蛤类，一睡一千年，不闻佛名字。"阿那律惊醒过来，内心很惭愧，发愿尽形寿不再睡眠。为谨守誓愿，阿那律再怎么疲倦都不阖眼，即使佛陀鼓励劝勉他休息，他也不肯。时日一久，双眼渐渐地失明了。

在团体生活里，最令阿那律感到困扰的就是托钵乞食和缝衣。因为看不见，穿针引线倍感困难。佛陀得知后，走到阿那律身边，告诉他："我来帮你穿针缝衣吧！"阿那律生病的时候，佛陀也说："阿那律，我来倒一杯水给你，我喂你吃药吧。"阿那律总是感激地说不出话来。后来，佛陀教导他修行"金刚照明三昧"，最后获证天眼通。

阿那律尊者一心秉持佛陀教诫，发愿精进办道，即使失明也不改其意，而成就无上正觉的佛陀，不只高高在上受人尊敬礼拜，认为自己是众生中的一个，对众生深具慈悲心、服务心。佛陀教诲弟子，在佛田、圣人田、僧田、和尚田、阇黎田、父田、母田、病田八福田中，"看病福田"为第一功德，并躬行实践，为后世弟子留下榜样。

想起我动手术期间住院，护理小姐在我身边讲"我来帮你忙"、"我替你翻个身"、"我倒杯水给你"，声音甜美动听，世间无比。这让我联想到，对于一位苦难的人，最需要的就是善知识的帮助和安慰，所谓"良言一句三冬暖，恶语伤人六月寒"，一句鼓舞人心的好话，有时候比黄金万两还要宝贵！

看今日的社会，苦难太多，需要我们共同发起"说好话、做好事、存好心"的"三好"运动,学习佛陀为人群服务,以爱语鼓励众生,以大乘菩萨道的精进与慈悲心,饶益世间有情。

割肉喂鹰

不争一己之利、一己之见，恶颜相向，也不为一句逆耳的话，万般苦恼。

释迦牟尼佛在因地修行时，曾为萨波达国王，平日广行布施，爱护百姓，体察民情，慈惠德被十方，受到天龙鬼神的赞叹。帝释天为此十分恐慌，生怕萨波达国王夺了自己的地位，于是对守护天将说："你化作一只鸽子，我变成老鹰，去试探他是否真是一位如实修行的菩萨行者。"

于是，化作老鹰的帝释天凶猛地追着鸽子，鸽子一路惊慌飞到国王座前，随即钻进国王足下，气喘吁吁地哀求国王保护它。这时紧迫在后的老鹰也飞到国王座前，并说："我已经饿了好几天，请把鸽子还给我。"

"我已经答应要保护这只鸽子，也请你饶了它吧。"

"放了它？那我岂不饿死？"

"我可以用我的肉布施给你。"

"好，拿秤子来称，可要和鸽子一样重。"

国王毫不犹像拿起利刃，将自己的肉一块一块割下来，奇怪的是，身上的肉都要割尽了，但都比不上鸽子的重量。国王只好对在旁的大臣们说："请把我杀了，将我的头目脑髓放上去，一定够重。我宁可身亡，也要完成救护众生的誓愿啊！"

国王无私的慈心感动了帝释天："我以私心测度你，没想到你竟怀有如此不可思议的慈悲。有什么心愿吗?"

"请求恢复我的色身，以度化众生，早日成佛。"

这则记载于《六度集经》中，佛陀"割肉喂鹰"的故事，表现了佛陀悲悯有情的慈忍心，就如经中萨波达国王对帝释天说："吾睹众生没于盲冥，不睹三尊，不闻佛教，恣心于凶祸之行，投身于无择之狱，睹斯愚惑，为之恻怆，誓愿求佛，拔济众生之困厄，令得泥洹。"佛陀视一切众生平等，生命一样尊贵，都值得尊重，更不忍众生迷于娑婆红尘，誓愿以无缘大慈，同体大悲的精神救度。

我们是否也能具备佛陀慈悲为他的精神，不争一己之利、一己之见，恶颜相向，也不为一句逆耳的话，万般苦恼，不因他人得意，嫉妒计较。而是一心慈悲，让别人与我们相处，时时都能如沐春风，处处都能安心自在。

长寿王

慈悲、忍耐才能解决争端。

古印度憍萨弥罗国的国王叫长寿王，邻国波罗奈国的国王叫梵豫王。梵豫王生性凶恶，喜好侵略，长寿王生性仁慈，爱民如子。梵豫王经常发动战争，长寿王总惭愧因为自己争权夺利，让人民死伤无数，于是他决定将土地与人民让给梵豫王，只要能够停止战争，让人民安定过生活。

虽然长寿王做了平民，四处研究学问，学习技能，以音乐、歌舞维持生活，但梵豫王还是派人将长寿王逮捕。长寿王的太子长生童子，闻悉父王被捕，化装成樵夫，前来探望父王。长寿王见到自己的孩子，一如平常地对他说："不可以报仇雪恨，那只是以恨来止争，永远都无法停止的。慈悲、忍耐才能解决争端。"

长生童子不忍父亲无辜地死去，但又不得已，只有接受父亲的命令，改姓化名进入迦尸城，成为一位有名的技乐圣手,贵族豪门都很宠爱他。有一天,梵豫王看到他非常欢喜,命他进宫侍奉左右,梵豫王很信任长生童子,护身的刀都交给长生童子执拿。

一次,梵豫王出猎,迷失路途,他和随从都失去联络,跟随在身后的只有长生童子。他们找了很久还是寻不得出路,梵豫王疲倦地枕在长生童子的膝上闭目休息。这时长生童子想:"这个昏君,杀害我的父亲,夺去我的国土,现在他的生命在我的手中,正是我报仇雪恨的好机会。"

当他拔刀要杀梵豫王的刹那,想起父亲的遗训,又把刀插进鞘中。此刻梵豫王已被惊醒,对长生童子说:"呵,可怕!可怕!我在睡梦中,恍惚见到长生童子来报仇,用刀砍去我的头。"长生童子听梵豫王说后,说道:"大王,你不要恐惧,我就是长生童子!老实告诉你,当你在睡着的时候,我是想报仇的,但想起父王的遗训:'慈悲、忍耐才能解决争端。'我决定放下对你的仇恨。"梵豫王既感动又惭愧,后来不但把公主嫁给他,甚至派了军队车马,护送长生童子回国。

怀有慈悲心的人,能够包容他人一切的过错。能行忍者,才能获得最后胜利!

丑公主改容

心怀仁慈，则相貌安详；心怀嗔恨，则面露凶狠。

印度波斯匿王膝下，有个女儿长得奇丑无比，国王惟恐她嫁不出去，于是对王公大臣宣布："哪一个人愿意娶公主呢？"竟然无人愿意。于是他再度昭告天下："哪一个人愿意娶我的女儿，就赐予他高官厚禄。"好不容易，一位英俊的男士愿意娶丑公主为妻。

婚后，因为公主实在丑陋，每次朝廷各种应酬场合，驸马都是只身前往，从来不曾带公主参加。日子一久，大家都议论纷纷："喂！你做驸马的，不要那么自私嘛！为什么不把你那千娇百媚的公主，带来给我们看一下呢？"对于这些议论，驸马却只能哑口无言。

独守宫中的公主，因为感伤自己的丑陋让夫婿在人前抬不起头，于是开始在佛前礼拜忏悔。日复一日，在公主诚心礼拜下，原本丑陋的相貌竟日渐庄严起来。

有一天驸马在外应酬，所有官员商议把他灌醉，好借机送他回宫，同时窥探美丽的公主。当官员们兴高采烈地来到驸马宫中时，看到正在虔诚礼佛的公主真是美如天仙，天下少有。回去后大家都数落驸马的自私小气，藏美人于深宫中。当大家再见到驸马时，无不责问他："为什么那么美丽的公主，你不肯让我们看呢?"说得驸马不知如何是好，大家又再说："今天无论如何都要和你再去看看公主，你一定要请公主出来和我们说说话。"当众人随着驸马来到宫中，见到庄严、圣洁的公主时，霎时，驸马竟也惊讶得说不出话来。

心怀仁慈，则相貌安详；心怀嗔恨，则面露凶狠。所谓"相由心生"，每个人都是改造自己的工程师，倘若心地慈悲，不但能改变气质，还能改变相貌。

拔三毒之牙

生存于世可以什么都没有，也不能失去慈悲心。

从前迦奢国有一位国王，名叫梵授，听说雪山附近有一头叫做"青莲目"的象王，六牙具足，便命令猎师前往拔取象牙。就在猎师即将出发时，国王向他们严正声明："如果此行不能得到象牙，就不要给我活着回来。"猎师们为了保全性命，赶紧配带弓箭，披上袈裟，伪装成出家人的形象，前往雪山边象王的住所。

当时，母象正在外头忙碌，远远望见有人手持弓箭迎面而来，惊恐之余，狂奔至象王的住处，禀告象王："大王，刚刚在路上，看到有人握箭拉弓，探头探脑地朝这个方向走来，想必是要来取我们的性命的。"

象王听了母象的报告，抬头一望，只见剃除须发，穿着袈裟的"出家人"已逼近住所，便告诉母象："不要害怕！身着袈裟的人，心里只有善念，没有恶念，一定不会伤害我们的。"母象不信,说道:"他们虽然身披法服,可是手里拿的却是弓和箭,一定不是好人!"象王坚定地说:"不会的,身穿法衣的僧人,绝对是来度化我们的,千万不可怀疑!"

象王话才说完,天外飞来的一箭就射中它的心脏。母象见状,嗔恨心起,即刻下令五百群象踏杀猎师,奄奄一息的象王赶紧制止,劝说母象:"不应为此而生怨恨,坏了自己的清净心。"

象王又问猎师:"你为什么要射杀我?"猎师说道:"我是奉命来取你珍贵的象牙的!"象王听了,毫不犹豫地拔牙交给了猎师,并说:"今天我忍痛拔牙布施给你,心中一点忿恨、懊恼都没有。只愿以此悲悯心所做的布施,来世我能够成就佛道,拔除众生'三毒'之牙。"

象王宁舍身命,也要以慈悲待人,不以嗔恶心对待他人侵凌,对无理暴虐的索求,仍然欢喜布施,这样刻骨铭心的历练与发心,是大行菩萨道无私无染的精神。菩萨行此道,做成佛度众的资粮,更以心行做无言身教,告诉我们生存于世可以什么都没有,也不能失去慈悲心,失去了慈悲,便等同失去了一切。

自食恶果

不具慈悲心,就容易任意伤生害命,造下恶果。

过去的印度有一个屠夫,他在屠宰动物的时候,习惯把待宰杀的动物施以极端的凌虐,让它们受到莫大的恐怖、痛苦之后而死。他从事屠宰行业几十年,却从没有想过要做任何的善行。

屠夫后来生了重病,眼看就要死了。

临死前,他曲卧病床上,不断地挣扎、尖叫、嘶吼,神情异常痛苦,就好像是被他宰杀的动物临死前的恐怖一样。路过的村民和邻居听到这叫声,还以为屠夫正忙着屠宰,纷纷皱着眉头摇头而去,没有人想到,这声音正是由他所发出的。

就这样经过了一个礼拜,屠夫终于不堪痛苦折磨而死。由于他生前杀生无数,又让众生受尽了恐惧和痛苦,也不曾做过任何的善事,死后直接堕落到地狱。

佛陀闻知,便对僧众开示道:"比丘们,屠夫不是在宰杀生物,而是自食恶果！由于他生前让众生受到巨大的痛苦,临终时也必须承受同样的痛苦。现在他死了,随他所造的恶业得堕入地狱道。"

　　人生活在世间,不懂得"同体共生"的道理,对身边的事物就不容易生起"无缘大慈,同体大悲"的慈悲心;不具慈悲心,就容易任意伤生害命,造下恶果。

　　所谓"因果报应,丝毫不爽",一个人的善恶业感,全凭自己的造作而决定。业报虽然牵引着我们的命运,决定了我们的未来,但佛教主张,仍可以用大功行、大善果让恶业不起现行,也就等于抵消了恶报。一旦认清业力的定义,便可以把握业力的原则,创造光明、清净的未来。

枭獍之心

孝亲敬亲乃基本的人伦之道。

在《史记·孝武本纪》里提到,古代有一种鸟,名为"枭",它在出生后,就会因饥饿而将辛苦抱卵、哺育它而疲惫不堪的母亲吃掉。另外,还有一种兽名叫"破镜",又名"獍",它的外貌像虎豹而体形略小,也是出生后不久,就会将它的父母亲吃掉。黄帝为了要灭绝这两种恶心的禽兽,于是规定,举凡天下祭祀,都要拿这两种禽兽来作牺牲品。

由于这样的典故,后人将不肖子女或忘恩负义、凶残无道的人,形容为"衣冠枭獍",或指他们的心态是"枭獍之心"。

孝顺,是中国的传统美德,孝道思想几千年来深深影响着中国社会。过去为了表扬孝行,有"二十四孝"的典范,而动物中的"羔羊跪乳"、"乌鸦反哺",也常作为孝亲的教材,提醒人们不要忘记父母的养育之恩。

除了对父母尽孝,更要扩大孝亲的范围,对宗族、对国家民族,甚至对一切众生尽孝。孝的意义,是对国家、亲人的一种至真感情的流露,是人我应有的一份责任,是人伦之际的一种密切关系。

在佛教的经典中,不难看出佛教对孝道的重视。佛陀教育弟子,孝顺父母不仅限于今世的父母,更要扩及七世父母,乃至一切众生皆曾是我的父母。而佛陀本身在多生累世,更是孝道的实践者。因此在《涅槃经》里提到,释尊因累世以来恭敬三宝,孝养父母,因此可以感得三十二相、八十种随行好的庄严身相。

孝亲敬亲乃基本的人伦之道。如果人人都能孝顺父母、奉行十善业,不仅可化解世间的暴戾之气,更可为来生种下圆满佛道的因缘,吾人怎能不欣喜去力行实践呢?

佛陀为父担棺

学佛并不是要我们放弃世情，不问世事，如同槁木死灰没有一点血肉、人情。

佛陀在未出家前是迦毗罗卫国的王子，名叫悉达多，因羡慕修行学道，背井离乡参访、求法，经过十二年后，终于三十一岁成道。成道后的第二年回到祖国探望父亲净饭王，足见他丰厚的人情与孝顺的心意、性格。

有一天，佛陀正在灵鹫山静坐时，王宫使者前来通报：佛陀的父亲净饭王病危。佛陀立即吩咐好僧团的事务，马上回家探望病中的父亲。

九十三岁的净饭王看到佛陀回来，流下欣慰的眼泪，慢慢地伸出手掌，佛陀默默地上前握着父亲的手。这时，一旁的亲眷、王妃、大臣、仆役们一个个都放声大哭。

净饭王安慰大家："你们不必难过，因为世事无常，有生必有死。我现在感到很满足，因为我的儿子成就佛道，我不但引以为荣耀，也因此获得最大的安乐。在生命的最后一刻，我能见到佛陀一面，如同见到死后的光明一样。"

说完，净饭王含笑合掌，就这样走了。

夜晚由佛陀和难陀、阿难、罗睺罗等人通宵达旦地守护着棺木，他们都是王室的后裔。佛陀与难陀是同父异母的兄弟，难陀对佛陀说："佛陀！明天出殡的时候，请允许我为父王担棺。"

阿难、罗睺罗听了，也和佛陀提出同样的要求。

佛陀回答说："很好，我也要担一份。"

出殡当天的葬仪非常的庄严肃穆，佛陀偕同诸王子为净饭王担棺，全国人民都跪在路旁哭着送行，看到佛陀也亲自为父担棺，走向火葬场，个个感动佛陀虽已成就佛道，仍谦虚为怀，重视世间的孝道。

佛陀不但为父担棺，甚至到忉利天为母说法，也为了姨母首开女众出家的特例，为目盲的弟子缝补三衣，为有病的弟子煮粥疗饥，扶侍起居，为祖国静坐枯树下，在在都让我们了解到佛陀不仅是一位理的体现者，也非常通达人情、世事。

出家学道,或者学佛并不是要我们放弃世情,不问世事,如同槁木死灰没有一点血肉、人情,不闻人间疾苦,不知社会脉动,相反地更应该积极走向人间,走入人群,对社会的服务,对群我关系的重视,对苦难者的救助,对亲友的照顾,才堪称为佛教徒,乃至是宗教人士的应有的作为,也才能发挥宗教存在于世的真正价值与涵义。

宽容的价值

待人多以鼓励、赞美、宽容的态度与方式，更容易得到教化的效果。

《金光明经》有一句话："一切诸法无有不为慈悲所摄，无有不为利益一切诸众生者。"无论是教育、待人、处事，还是面对自身的困顿，能行慈悲，则能摄人，能化解，能让一切事物，一切心念趋于善美。日本德川时期有一位盘珪禅师，对于犯过弟子的处理方式与态度，正可以说明慈悲、宽容的摄受力与价值。

盘珪禅师的徒弟屡次抓到一名学僧偷窃，其他弟子要求盘珪禅师把他驱逐出寺，盘珪禅师也只是随顺大家的意见，表示："说得对，应该开除，应该开除。"却始终没有采取行动。这名弟子仍是不改恶习，大家终于无法忍受，再度请求开除他，哪知盘珪禅师依旧不予发落。

"师父，如果您不开除他，就让我们离开好了。"弟子们表明,若不处理便集体离开。面对大家的抗议,盘珪禅师平静地说:"你们都是明智的人,到任何地方都能安住,可是他不明事理,不懂因果,清净的僧团都不能感化他、包容他,他还能去哪里呢?"话音甫落,弟子们一片静默,感动师父的包容心,惭愧自己气量狭小。而屡屡犯过的弟子,闻后更因此觉醒、回头,从此改过自新,成为一位端正的修道人。

从盘珪禅师身上得以明了,待人多以鼓励、赞美、宽容的态度与方式,更容易得到教化的效果。希望为人父母、长官者,对儿女、部下,乃至整个社会人与人之间,能彼此宽容相待,相信我们的家庭,乃至整个社会,必能处处充满和谐与安乐。

盘珪禅师的味噌汤

平等心的体现，是身体力行、点到为止，不多言说的。

有一天，在盘珪禅师门下担任典座的大良，顾及师父的健康，决定给师父吃新鲜的味噌。盘珪禅师在食用时，发现他的味噌比其他徒众吃起来更为新鲜美味，便问："今天是谁掌厨？"大良解释说，依据他的德望和健康，应该受到更好的供养。盘珪禅师大叱："佛陀一直强调，自己是众生中的一个，哪里有地位高低的分别？"说罢，立即返回丈室，反锁房门。

大良待在室外，请求师父原谅，但盘珪禅师默然不应。

就这样盘珪禅师关在房内七天，而大良也在外面守了七天。最后，一位信徒向盘珪禅师大声叫道："师父！您不吃东西，也许没有什么关系，但您年轻的徒弟总得吃些东西呀!"盘珪禅师才打开方丈门,微笑着对大良说道:"我坚持和徒众吃相同的食物。等你以后做了师父,也要如佛陀拥有平等心。"

禅门的慈悲不是在峻烈严厉、棒打呵叱中理解,而是应直探表相背后的动机与期许,如此,才能体会出禅师无我无别、愿施无畏的悲心。

《碧岩录》中值殿使一偈:"大智修行始是禅,禅门宜默不宜喧。万般巧说争如实,输却云门总不言。"一方面批注了盘珪禅师平等心的体现,是身体力行、点到为止,不多言说的;一方面也提醒我们,学习禅门祖师的行仪,或是自身修持和待人,都应该表现出内在的精神,而不是在形象上琢磨,或是要要嘴皮而已。

不只是修道人,每一个人都应有这种观念与态度,否则一味上行下效、鹦鹉学舌、学学皮毛,却不懂得深入思考当中的意义与内涵,抉择当行与不当行、适不适合自己,并且更进一步在生活中实践,那么人生永远也只是走马观花,品尝不出当中酸甜苦辣的真滋味啊!

禅师的眼泪

慈悲的力量，真是无坚不摧、无难不克。

日本空也上人外出弘法时，独自经过一条山路，突然窜出凶狠的强盗，拿刀向他要过路费。空也上人看了之后，不觉掉下眼泪，强盗们一看哈哈大笑：

"嘿！这么一个贪生怕死的出家人。"

"我是想到你们，年轻力壮不为社会做有意义的事，却成群结党去打家劫舍，眼看将来就要堕入地狱去受苦，我替你们着急才流下眼泪。"

"我只不过跟你要两个钱，怎么就会堕地狱，有那么严重吗？"

"你们不务正业，在这里抢劫、为非作歹、做坏事，现在舞着大刀很神气，将来受地狱的苦报刀山油锅，那个时候你们就可怜啦！"

强盗们听到空也上人这么说，为他的慈悲深受感动。其中一人说：

"我们不抢钱那我们怎么样子生活呢?"

空也上人说："年轻人赚钱方法很多，你可以用劳力去赚钱，你有技术你可以用技术去赚钱，你有智慧你也可以用智慧去赚钱，只要你肯播种，种子在田地里面都会生长，都会开花结果的。你不用劳力获取、不用智慧获取、不用技术去获取财富，那个财富你即使抢劫得到，也不能享有它。抢劫，是违背因果法则的。"

强盗们于是抛弃贪妄嗔恨的心，后来成为空也上人的弟子。

禅师慈悲的眼泪令一群强盗转变成善良的百姓，从此放下屠刀，自力更生。无论如何强暴斗狠的土匪强盗，在慈悲之前也会被感化，慈悲的力量，真是无坚不摧、无难不克。慈悲爱心，就像一盏明灯，可以让迷途的人找到回家的路。

生命的延续

若能把握每个当下，那也是我们不死的生命。

日本明治时代有位南隐禅师，声望很高，有许多人同他参禅学佛。当时有个大夫对此颇不服气，心想：凭我大夫的身份，广博的知识与学问，随便提问，都能考倒你。

有一天，他去找南隐禅师辩论禅法。两人见面后，南隐禅师恭敬作礼，大夫却满脸傲气地问道："什么样的人可以不死，请你道一句来。"南隐禅师平淡地回答："你是做大夫的，回去好好照顾病人。"

"做大夫的，行医救世，当然是要好好照顾病人，如此简单的话，需要你来告诉我吗？大家都称你是有道高僧，竟然说出这样毫无知识的话。我看，不过是浪得虚名罢了！"

第二天，这个大夫又跑去问南隐禅师："请告诉我，人可以不死的方法。"南隐禅师回答:"回去好好照顾病人。"就这样第三次、第四次,南隐禅师都是同样一句话。

这位大夫还是忍不住,不服气地跑去问南隐禅师:"除了好好地看顾病人外,你能否再说一个不死的方法?"南隐禅师说:"你去参参赵州禅师所说的'无'吧!"这句禅语对大夫而言空洞至极,顿时,他如堕五里雾中。

自此之后,这位医生每当坐诊时,心中无不抱持着同体共生、自他不二的态度对待病患。他对待一位病患就如对待无限众生,当亲见病患往生,无力感涌现心中之际,便不断地在心中参究"无"字。日复一日,以此理念行医救世,终于在日积月累的功夫中,体悟出"生命不死"的道理。

历代高僧大德,有坐化而逝,有倒立而亡,有策杖而死,有手捧佛经跪化……视生死为游戏,不为生死所系缚,因为他们明白死亡不过是身体的转换,正如房子坏了,要换间新屋;衣服旧了,要换件新衣。生死,就好像煮饭烧柴,一根一根的木柴烧尽,炉火始终相续。同样的,若能把握每个当下,那也是我们不死的生命。

明惠赶鹿

禅门的大慈大悲，并非外相能够论定，只有以心照心，才能领会。

有一天，一头迷路的鹿跑进高山寺境内，明惠上人看了连忙说道："哪里来了一头鹿，快把它赶出去！"他不但召唤弟子们驱除，自己也拿起拐杖赶鹿。

弟子们都感到大惑不解，心想：平时慈悲亲切的上人，连一只蝼蚁尚且护念，为什么今天会这样严厉地鞭杖赶鹿呢？门徒不禁议论纷纷。

明惠上人耳闻此事后，便向弟子说道："我是为了不让鹿习惯人，所以才赶它出去。如果鹿习惯了和人相处，就一定会时常跑到有人的地方，这么一来，就会对人失去警戒心，因此丧失生命。你们只看到我鞭策迷鹿，却看不到我的慈悲。"

这位有"月亮诗人"美称的日本僧人，其一番护鹿悲情教人钦仰。可惜的是，一般人只看到挥杖鞭策的外相，见不着无相的慈悲。

禅门中师资相授，其中的唇枪舌剑、针锋对峙，都是老婆心切，乃至棒喝拳打、寂默相对，无一不是殷勤护念。历代的法器大匠，在无情无理中，冶炼自性，那一喝人我消，一喝狂心歇，一啄开道眼，一默转乾坤。禅门的大慈大悲，并非外相能够论定，只有以心照心，才能领会。

换个层面看，现代社会也能见得禅门的慈悲：老师对学生课业及品行的严格教导，父母对孩子行为交友的严厉教育，上司对属下工作职务的严峻督促，甚至人生路上不时出现的逆境、挫折，凡此种种都是一种慈悲的要求，是为了让我们增上、进步。如果任何事都能视得"无相慈悲"，相信我们的生命将愈来愈成熟、愈来愈圆融。

送月亮

心存慈悲，能够转恶为善，能够推倒人与人之间的高墙。

日本高僧良宽禅师形迹落拓自在，以草庵为居，尽管物质清贫如洗，仍是悠悠自适，乐以忘忧。

一个中秋节的晚上，良宽禅师外出经行。这个时候小偷潜入草庵行窃，蹑手蹑脚地进门一看，里头竟空无一物，小偷呼了口气，自认倒霉，只得空手而归。才出门，就碰上经行回寮的良宽禅师。禅师看在眼里，明白小偷的来意，于是笑了笑，又看他衣服单薄，恐怕着凉，于是把身上的袈裟卸了下来，温和地说："我这里没什么东西给你，这件衣服，你拿去吧！"小偷急急接下衣服，惊慌失措地拔腿就跑。良宽禅师转身看了看小偷的背影，又凝视着挂在半空皎洁可爱的月亮，自言自语着："可惜，我不能把这光明美丽的月亮送给他！"

又一回，良宽禅师被附近一个僧人痛打一顿。在回去的路上，突然下起大雨，良宽禅师赶紧躲到屋檐下避雨。望着雨，他竟然忘记自己受打的事，反而担心着："那个和尚，好像没有带雨伞。"

为别人着想，自己是其次，良宽禅师慈悲的胸怀，不只是修道者应当发愿效法的，也是身而为人应该学习的。试想，生存于世，看到的都是人人自危，人人惦记着自己的好坏得失利益，不顾及他人的安危和感受，不管山河大地是茂盛是枯萎，不念其他生物的生死恐惧，面对一道道冰墙与一波波天灾人祸，该怎么生活呢？

佛教慈悲的思想，正好提供给我们一个方向。因为心存慈悲，能够转恶为善，能够推倒人与人之间的高墙。

诸佛菩萨心心念念都是"履地常恐地痛"、"以仁为三界上宝，吾宁殒躯命，不去仁道也"、"慈悲喜舍心，日夜常修习"，不仅以此利他自修，也以此教导我们，对人待物常存慈悲，才是修行的重点，做人的根本。

恻隐之心

慈悲看似柔软,其实内藏更大的力量。

何谓慈悲?

对于误会不生恼怒,对于困苦心怀怜爱,对于凄苦心有悲悯,是慈悲。学习原谅别人的错误,轻声细语不扰乱他人,主动关心给予,让人心安无畏惧,是慈悲。安忍于苦痛中,积极面对人生,认真工作,全力学习,更是对自己慈悲。

慈悲看似柔软,其实内藏更大的力量。因为行慈悲需要愿力、智能力,行慈悲能够减少众多苦迫、众多忧患;只要多一份心,人人都能伸出一双慈悲手,创造处处有温暖的欢乐人间。

《韩非子·说林上》有一段记载:鲁国大夫孟孙打猎时,猎得一只小鹿,他要秦西巴把小鹿先带回宫。一路上母鹿悲凄地跟在后面,秦西巴心生不忍,便把小鹿还给母鹿。

孟孙回到宫里不见小鹿，问："我的猎物呢？"

秦西巴不由得想起当时的景象，皱了皱眉："母鹿一路悲啼，我实在不忍心，就把小鹿放回去了。"

孟孙大怒，指着秦西巴："你好大的胆子，竟敢自作主张放了小鹿！"于是把秦西巴赶走。

三个月后，孟孙却礼请秦西巴做他儿子的老师。有人不解地问道："先前你惩罚他，现在又用他做你儿子的老师，这是什么道理？"

孟孙略略笑了一下："秦西巴连小鹿都不忍心让它受苦，怎么会忍心让我的儿子受苦呢？所以我很放心把儿子交给他。"

秦西巴不顾自身的安危，只因为悲悯小鹿心里的恐怖和母鹿的悲苦。纵使被孟孙赶出宫，但实际上，却已获得孟孙对他人格的肯定与尊重。

何谓慈悲？能够观照到他人的处境和心情、愿意度苦助人便是。

赵简子放生

蕴含智慧的慈悲,能够救人;没有智慧的慈悲,恐将牵引出更深的伤害。

《列子·说符篇》有一则关于放生的故事:赵简子是春秋末年晋国正卿,当时邯郸地方的百姓,每逢元旦都会捕捉鸠鸟,献给赵简子放生。百姓进献,赵简子总是欢喜地给予厚赏。

门客不明所以,问赵简子:"为什么百姓要进献鸠鸟呢?"

赵简子自鸣得意:"元日放生,以表示我的仁德慈悲,泽及禽兽啊!"

门客听后,很不以为然:"百姓知道你放生鸠鸟,为了讨你欢心,争相捕鸠。但是在捕捉的时候,必定伤及鸠鸟,导致许多鸠鸟死亡。如果你真要放生,不如禁止百姓捕鸟。捕了又放,你的仁慈恩德,是不及这些行径所带来的过失呀!"

赵简子听后说:"说得是!"

赵简子元旦放生,百姓争相捕鸟进献,是本末倒置、错乱因果,不明事理的根本大错,他以为如此对鸠鸟仁慈,却不知造成更大的祸害。

佛教重视悲智双运,以"慈悲为上首,空慧为方便",因为没有智慧的慈悲是俗情,无法做出正确的判断,只会是感情用事而已。就像赵简子舍本逐末,还自以为德被禽兽。

处事待人上也应具备"悲智双运"的精神:爱护孩子的同时,也应施以教导,而非一味地溺爱;对于朋友的过失,应坦言劝谏,不是只担心友谊因此变质;布施当中,更应具备明理,而不只是盲从。蕴含智慧的慈悲,能够救人;没有智慧的慈悲,恐将牵引出更深的伤害,不能不慎!

一念慈心

为人处世要慈悲厚道,先要待人好,别人才会善待我们。

春秋时代,有一次宋国与郑国打仗。决战前夕,宋将华元特别准备羊肉慰劳部下,希望借此鼓舞士气。将士们人人都吃到羊肉羹,唯独替华元驾驭战车的车夫羊斟没份。羊斟觉得很不公平,认为华元太不把他放在眼里,因此怀恨在心。

当郑、宋两军交战得很激烈时,华元命令车夫将战车驶向敌军稀少的那一方,不料战车却往相反方向,朝着敌军密集的地方直去。华元惊慌喝道:"你要去哪儿?"这时羊斟面有愠色地回答:"昔日我能不能吃羊,由你决定;今日要将战车驶往何处,由我决定。"由于车夫将华元的战车驶入敌军阵营,主帅被俘,宋军因而丧失斗志,吃了大败仗。

同样因为吃肉,西晋时期的顾荣得到的却是另一种结果。据说顾荣在洛阳时,有一天应邀赴宴,席间发现端烤肉的人流露出很想吃烤肉的眼神,于是就把自己那一份给了对方,同桌都因此而讥笑他。后来,永嘉之乱起,顾荣渡江避难,每次在危急时刻,总有一个人出现在身边,帮助他渡过难关。原来,这个贵人就是当时端烤肉的人,由于感念顾荣的一份慈心,因此不顾自身的安危,结草衔环,以报滴水之恩。

　　所以,"慈悲之心,生生之机"。顾荣的一念悲悯之心,为自己留下一线生机,使其在危难时刻得到帮助。因此,我们为人处世要慈悲厚道,先要待人好,别人才会善待我们。萍水相逢的人,都当如此对待,更何况在公司、团体里担任主管者,更要慈悲爱护属下,倘若不然,则难保有朝一日,不会有华元的结果。

西门豹巧智惩恶霸

行菩萨道,是须应化世间,以慈悲喜舍的精神来关怀社会,关爱周遭人与事。

西门豹是战国时期魏国著名的政治家、军事家及水利家,一生为官清廉,心系百姓。初到邺县任职时,经常下乡巡视,一心关注人民的生活。他疑惑,此县为何人民稀少,田地荒芜,百业萧条,所到之处,尽是满眼荒凉?经过一番调查才知道,人民是为河伯娶妻所苦恼。

邺县因为水利设施不完善,一到雨季即泛滥成灾,造成人财两失,百姓不堪其扰,时时在担心害怕中度日。县中女巫借此机会,勾结地方官员,假借河伯娶妻,榨取钱财。家家户户害怕女儿被河伯相中,有能力者,纷纷送钱给女巫,希望她别选上自家女儿;穷困者,只好移居他乡。西门豹知道此歪风后,决心惩治这些地方恶霸。

在河伯娶妻那天,西门豹也来到河边。他命女巫将新娘带到跟前："这名新娘不美,就烦劳女巫前往河里与河伯商量,等我们选上美丽的女子,择日再送来。"说毕,士兵们便将女巫投入河中。

"怎么还不见女巫上岸?"西门豹满脸疑惑,"让女巫的弟子去催促催促!"士兵们又将女巫的弟子投进河里。

等了一阵子,仍未有动静,西门豹再度开口:"看来女人办不了事,只好请地方官员亲自出马了。"正要命士兵将官员丢下河,这些贪官污吏吓得跪地求饶,西门豹才示意士兵们等一等。

过了一会儿,西门豹才说:"看来河伯将女巫们留下,你们可以回去了。"

女巫与贪官污吏的谎言,这才不攻自破。从此,河伯娶妻之事,在邺县销声匿迹。

事后,西门豹亲自勘测水源,并发动百姓在漳河周围凿十二渠,引河水灌溉农田,不到几年光景,就使得邺县年年丰收,百姓常享太平安乐。

西门豹破除迷信、为民造福,深受人民爱戴;"以其人之道,还治其人之身"的智慧,广为后世传颂。司马迁在《史记》中称赞道:"故西门豹为邺令,名闻天下,泽流后世,无绝已时,几可谓非贤大夫哉!"一个贤能者,是将他人的利益置于自我的生命之上,驱策自己安众生苦、抚众生心,也就是佛教所说的"行菩萨道"。

行菩萨道,是须应化世间,以慈悲喜舍的精神来关怀社会,关爱周遭人与事。果能如是去做,人性的良善才得以引发,生命的层次才能向上提升,逐步走向光明。

三茅祖师

心存慈悲，以正义行事，才是正道。

三茅祖师，为汉代修道成仙的茅盈、茅固与茅衷三兄弟，是道教茅山派的开山祖师。在三茅祖师的坐像中，年纪最轻的茅衷坐中间，大哥和二哥却分坐两旁，这是有典故的。

传说中，三兄弟相邀一起去修道。有天晚上，他们夜宿在一户年轻的寡妇家中。这户人家的男主人刚去世，留下嗷嗷待哺的小孩，生活正陷入困境，茅衷十分同情寡妇的处境，因而决定留下来帮助他们。第二天要上路的时候，茅衷对两位哥哥说："你们两位先去学道，我要留下照顾这对孤儿寡母。"两位哥哥很不以为然地说："你真没出息，因为一个年轻寡妇放弃学道。我们也不想跟你这种人在一起。"两人气愤地拂袖而去，只留茅衷一个人，为这家孤儿寡母打点生计。

拥有慈悲心的人，
才是最富有，
最快乐的人。

给人一份善美因缘，

等同给予自己一颗慈悲种子，

冬尽春来，

心地一片慈悲花开。

将我们所拥有的好的一半，

去改变那坏的一半；

用善的一半，

去感染那个恶的一半。

慈悲不是一个定点，而是感情的不断升华。

这个家本来相当贫困,经过茅衷不停地劳作才渐渐宽裕起来。日子久了,寡妇深受感动,动了情想嫁给他。茅衷却对寡妇说:"我想,为了表示对你丈夫的尊重,你得先守孝三年。"过了三年后,寡妇说:"我们可以结婚了。"这时茅衷又说:"你为你丈夫守孝三年,我也应守孝三年才能问心无愧。"又过了三年,茅衷说:"为了表示我们的忠贞,我们两人再一同为你丈夫守孝三年。"

　　就这样九年过去了,寡妇的儿子都长大到可以奉养寡母的年纪,这时茅衷便和他们一家人道别,独自步上求道的路。也因为茅衷这种正义和慈悲的胸怀,为民间崇敬,因而供奉在中间。

　　古印度波斯匿王的妃子末利夫人,为救厨师一命,不惜喝酒犯戒;隋朝智舜禅师更因不住色身之相,毫不吝惜地"割耳救鸡"。菩萨为众以大慈悲,就如《佛说八大人觉经》所言:"发大乘心,普济一切,愿代众生,受无量苦,令诸众生,毕竟大乐。"古来大德为度芸芸众生,抛却生命也在所不惜,这需要何等的勇气与慈悲啊! 我们做人处事也应如此,当行之时不必太过瞻前顾后,毕竟心存慈悲,以正义行事,才是正道。

王右军的字

心存慈悲，因而能照顾到他人的处境，给予帮助，让人心安。

世称"书圣"的东晋书法家王羲之，曾经担任右军将军，因此后人称他为"王右军"。王羲之除了在书法上展现出卓越成就外，更是一个正义、率真的人：他在会稽任官期间，不忍百姓受饥荒的痛苦，因而开仓赈济贫民。

有一回，他经过一座石桥畔，看见一位白发老妇人在兜售竹扇，可是人潮熙来攘往，却不见一个人肯买她的扇子。他看在眼里心生不忍，于是上前看了看扇子，随即从袖口中取出笔墨，在每把扇子上大笔挥毫起来。

老妇人看见自己的扇子被一个不认识的人弄得黑白夹杂，非常不高兴。王羲之却胸有成竹地对老妇人说："你只要说是王右军写的字，一定会有人买。"老妇人就照着王羲之的话去做了。果然，来往的人争相购买，没多久,整篮竹扇都被抢售一空了。

王羲之为老妇人书扇,是因为他懂得立场互换,心有慈悲。《本业璎珞经疏》以"慈能予乐,悲能拔苦"定义慈悲;心存慈悲,因而能照顾到他人的处境,给予帮助,让人心安。

谈到慈悲的表现,《优婆塞戒经》说:"不念自利,常念他利,身口意业所作诸善,终不自为,恒为他人。"这是菩萨的胸怀,也是人人应当学习的涵养。

只需适时地收起自我利益,立场互换,多为他人着想,在刹那的观照、学习中,我们将一步一步走出自己,走向人群,成为一个受欢迎的慈悲人。

武能威敌

一个成功的领导者须德能兼备，为众谋福利，才使大众心悦诚服。

"文能附众，武能威敌"是春秋齐国宰相晏婴对司马穰苴的称赞。司马穰苴，是田完的后裔，曾于齐景公执政时，收复被晋、燕攻占的国土，而官拜大司马。

当时，晋、燕两国侵伐齐国，齐军溃败连连，齐景公忧心忡忡。宰相晏婴向景公举荐田穰苴："穰苴虽然身份卑微，却是文武兼备的人才。"景公于是召见穰苴，交谈中证实晏婴所言不虚，便授予穰苴将军之职，率兵征战。

穰苴向齐景公请求："臣出身微贱，今蒙国君擢拔于间伍之中，出任大将军，但惟恐我人微权轻，士兵不能归附，请国君派遣一位大臣为监军，以使众人心服。"于是，齐景公随即派遣庄贾为监军。

穰苴与庄贾约好隔天午时在军门会面，但庄贾为人骄贵，不把此事放在心上，还优哉游哉地参加亲友为他饯行的宴会。

穰苴在约定的时间进到军门，立表下漏等庄贾来。过了午时，仍不见庄贾人影，便命令士兵撤去木表、水漏，自行操练军队，申明军纪。到了傍晚，庄贾才姗姗来迟。穰苴质问："监军为何延误了约定的时间？"

庄贾语气傲慢地说："亲友设宴为我饯行，所以迟到。"

穰苴正色说道："身为将领，一旦受命，就该忘了家人；临军身受纪律，就须忘掉亲友；击鼓急进时，更应抛却性命。现在敌军侵略我国，国家骚动，国君寝食难安，百姓的安危全系在你身上，你还说什么'相送'！"随即召来军正，问道："按军法论，如期未到者如何处置？"

军正回答："当斩首示众。"

庄贾知道事态严重，喊人回宫请齐景公搭救。只是回报的人还来不及返回，穰苴已当着三军的面，将庄贾斩首示众，三军士卒无不为之战栗。

当齐景公派来的使者拿着符节，骑马驰入军中，要穰苴赦免庄贾时，穰苴对使者说："将帅在军中，君王的命令可以不受。"

又问军正："擅自驱车奔驰于军营,当处何罪?"

军正回说："当斩!"

"国君派来的使者不可任意斩杀。"穰苴说毕,随即斩了使者的仆人,车之左驸及马之左骖,以此宣示三军,并让使者回报齐景公,然后上马率领军队出发。

途中,穰苴深入士卒营帐,体恤他们的生活饮食,亲自探问疾病,举止感动全军,甚至身患疾病者也愿意冲锋陷阵,奔赴战场杀敌。晋、燕两国听闻齐军士气高昂,立即撤退。穰苴挥师追击,收复失地,最后凯旋。

司马穰苴不因庄贾为国君的宠信而趋炎附势,反而以国家为重,整饬军队,建立威信,是齐军能胜战的因素之一。他身体力行、关怀下属而赢得军心,更是收复失土的关键。足见一个成功的领导者须德能兼备,为众谋福利,才使大众心悦诚服,竭尽所能地为主效力。

卖橘子

若能念念皆善念，事事种好因，我们的人生将愈益富有。

某日，梁武帝微服出巡探访民情，行经市集，见一老者在卖橘子，特地上前欲向其购买。谁知道这老者头也不回，直说："不卖！"武帝仍温和有礼的说："卖给我吧！多少钱一斤都没关系。"老者仍然坚持："不卖给你！"武帝心想，既然人家不卖，又何苦勉强，正准备掉头离开时，来了一位年轻人也要买橘子，老者立时笑脸："不用买，这一盘送给你！"站在一旁的梁武帝心里不禁纳闷，为什么两人一前一后，我要买你不卖，而他要买，你却不收钱呢？

回宫后，武帝请来一位具有神通的老师，问问究竟是什么因缘，两个人会有如此迥异的待遇。

老师对武帝说："过去世，这老者是一名犯人，在刑场将被砍头时，你和朋友刚好在旁观看，你动了一个'这人犯了罪，该杀'的念动，因为这一念，你与他结下恶缘，今生他一见你，自然生起厌恶心，才不愿将橘子卖给你。你的朋友却想：'这么年轻就受刑，好可惜！'这一念怜悯心，他与老者结了善因缘，才会心甘情愿将橘子送给他啊！"

相同的事情，因两个人的动念不同，而结下不同的因缘。

我们身口意所犯下的杀盗妄语、两舌恶口、贪嗔愚痴，一旦犯下必定会有因果关系存在，诚如《瑜伽师地论》所言"所作不失，未作不得"。一切的起心动念、行为造作，必然会招至相应的结果。因此，好好照顾我们的起心动念，培养正知正见是相当重要的，若能念念皆善念，事事种好因，我们的人生将愈益富有，自身的福德也将愈积愈深厚。

仙女庙的故事

心中有他人，所以能包容，能承担，能喜舍，能清净，能生智能。

江都有一座"仙女庙"，汉晋以前叫"蔡家庄"，之所以改称"仙女庙"，历来有很多传说。有说与春秋时代伍子胥"闯昭关"有关，有说与三国时代赵子龙"长坂坡救阿斗"有关。

当时，赵子龙怀中抱着阿斗，拼战长坂坡。后来逃到江都时，后主阿斗刘禅，没有奶吃饿得奄奄一息，在兵荒马乱中找奶也实在不容易。正在心急如焚时，刚好一位年轻的女子经过，赵子龙就向前请求女子喂奶给孩子吃，年轻女子看到赵子龙焦虑的神情，就接过孩子并为其喂奶。事后想，我是一个未出嫁的女子，怎会有奶？如果传言出去，怎么得了？于是投河自尽。战事平定后，赵子龙感念这位女子，特别为她塑造金身，并建寺庙纪念她。这就是江都仙女庙的来由。

以他人安危为优先,也是一种慈悲的表现,所谓"不念自利,常念利他"、"大悲安慰,哀悯众生"。因为心怀众生,心中有他人,所以能包容,能承担,能喜舍,能清净,能生智能。

这样的胸怀,在这个贪污舞弊,讲究自身利益,人人自危,凡事自扫门前雪等现象纷乱的社会,或者让有些人觉得不可思议、曲高和寡。但从另一个角度看却显得必要。如果人世间失去了彼此关爱和尊重,尽是诈骗、欺瞒、自杀、杀他、斗争、毁谤……这样的环境,如何能生存呢?

且不谈他人如何,但从自身做起,人人发愿"我当为一切众生作护,悉令解脱诸烦恼故……为一切众生作安,令得究竟安稳处故;为一切众生作明,令得智光灭痴暗故",那么人间处处是极乐,人生安恬快意,不是很好吗?

洗心革面

我的心就像这朵净莲一样高洁无染！

五胡十六国时代,杀人魔王石勒、石虎兴兵作乱,一时祸乱连连、生灵涂炭。佛图澄大师为了救度众生,千里迢迢从西域到石勒、石虎的营帐,希望能教化这叔侄俩。

"你们要发发慈悲心,为天下的生灵着想,不要再滥杀无辜了。"佛图澄大师义正辞严地劝谏。石勒、石虎狡猾地说:"你要我们发慈悲心,我们倒要看看出家人的心地究竟如何慈悲?"佛图澄大师即刻拿起侍兵身上的利刃,把自己的胸膛剖开,挖出一颗血红的心:"你们看,我的心慈不慈悲?"

接着,佛图澄大师对着身旁的一盆清水念念有词,说也奇怪,那盆平静无痕的清水突然长出一朵洁白的莲花,顿时馨香盈室。佛图澄大师面不改色地把"噗噗"跳动着的心拿给石勒、石虎："我的心就像这朵净莲一样高洁无染！"

石勒、石虎虽然凶残，看到一位出家人毫不畏惧地挖出自己的心，不觉大惊失色，不得不感动地礼拜佛图澄大师为依止师父，从此对大师的话言听计从，不再滥杀无辜。

佛图澄大师慑服了石勒、石虎叔侄，使其洗心革面，重新做人，也使无数的老百姓免去兵燹之难。制定《僧尼规范》的弥天释道安也是佛图澄大师的弟子，道安大师承师父志愿弘法利生，光大了佛教。

这些不仅是佛图澄大师的神通力所致，他的道德修养，慈悲智慧，让佛法大兴于华北。无论是石勒、石虎的勇于悔过，道安大师对佛教的贡献，还是佛图澄大师的慈悲修养，都是我们修学佛法，做人处事的好榜样。

金刚怒目·菩萨低眉

看人、看事，都不能从表面下判断。

隋朝有位吏部侍郎叫薛道衡，一天他到钟山开善寺去参访，迎面走来一位小沙弥。薛道衡突然动了一念，想考考这位小沙弥，于是上前问道："金刚为何怒目？菩萨为何低眉？"小沙弥不假思索立即回答："金刚怒目，所以降服四魔；菩萨低眉，所以慈悲六道。"意思是金刚圆睁双目，才能够降伏四魔；菩萨低眉善目，在六道中大发慈悲。薛道衡听了这句话，感到很惊讶，一个小沙弥都有如此敏捷的才思，更何况大法师呢，于是不敢再随意问难。

"金刚怒目"象征威力的折服，"菩萨低眉"代表慈悲的摄受，两者虽然展现出的不同相貌，但都是针对众生根机而显现的应化，都是度众的无上方便法门，所以佛教里无论是金刚怒目或菩萨低眉，都涵容了无量的慈悲。尤其,临济门下的棒喝教育,更能说明这个道理。看看禅师们个个瞠目喝斥,虽然外表像似怒目金刚,但内心里殷殷期盼弟子悟道的心情,却是菩萨的慈悲心肠。

家庭里的慈母犹如慈心低眉的菩萨,严父如同怒目护法的金刚。双亲们日日夜夜、无有休息地守护家庭、照顾儿女。此外,在我们生活的周遭,也有许多怒目金刚和慈心菩萨,只不过一般人很容易从外相上做错误的判别,总认为大声喝斥、表情凶恶的是坏人,低声细语、慈眉善目的是好人。事实上,有些人表面虽然是刀子嘴,却有豆腐般的柔软心肠,因此无论看人、看事,都不能从表面下判断,也要看其背后的用心。如果能够了解到这一点,许多主管下属、婆媳之间的相处问题,就能迎刃而解。

生活中,我们不仅要接受低眉善目的菩萨,对于护法怒目的金刚也别急着排斥、拒绝,或许可以从他们身上,学习到宝贵的经验和智慧。

不作伪证

这种勇气,就是大慈悲心的流露。

　　唐太宗平时很喜欢和担任吏部尚书的唐俭下棋。有次下棋时,唐俭不让太宗,太宗非常生气,马上把他贬去潭州当地方官。尽管如此,太宗仍然余怒未平,向尉迟敬德说:"唐俭太放肆了,我要杀掉他。你明天早朝时,替我作证,就说有人来投诉他的罪状。"尉迟敬德唯唯诺诺地答应了。

　　第二天,唐太宗拿着玉珽,胸有成竹地数落唐俭的罪状,并叫尉迟敬德出来对证。尉迟叩头在地,说:"老臣实不知唐尚书有何罪状。"太宗不相信自己的耳朵,又再三问,尉迟仍然坚称不曾听过唐俭的罪状。太宗气得将手上的玉珽掼碎,拂袖入内。

　　之后,唐太宗宴请朝中官员吃饭。宴席上,太宗说:"尉迟敬德今天做了三件利益事:一是唐俭免于冤死;

二是我免于枉杀的过失;三是敬德免于曲意从主的谄曲。这三件事带来三种好处,一是使我拥有勇于改过的美名;二是使唐俭有再生的机会;三是敬德赢得忠直的美名。"当场,太宗赏赐尉迟敬德一千匹绸缎。

一个人在盛怒之下,不宜做任何决定。唐太宗若不是遇上尉迟敬德,可要惹来滥杀无辜的过失了。尉迟敬德可说是智勇双全。他的智慧表现在:在皇帝盛怒下,方便善巧答应做伪证,平息太宗一时的怒气。他的勇气则表现在:胆敢当着文武百官面前,拒绝做伪证。这种勇气,就是大慈悲心的流露。

水牯牛

想要千人头上坐，先在万人脚下行。

大唐王朝不但是我国历史上最富强的盛世，也是佛教的黄金时代。当时佛教已开展出大乘八大宗派，禅宗更形成了"一花开五叶"的繁荣局面。其中，沩仰宗的开山祖师沩山灵祐所作的《沩山警策》，被禅门列为"佛祖三经"之一。沩山禅师常告诫弟子，不要被外界假相所迷惑，他更发愿做水牯牛，服务世间有情，亲身体现不耽假相的真精神。

沩山禅师要圆寂的时候，弟子百般不舍地问："师父！您涅槃之后将往生何处？"

"老僧百年之后要到山下农家出生，做头水牯牛，为众生作马牛。"

"哎呀！师父这么有修行，怎么会投胎做畜生呢？"

弟子们诧异万分。

"你们在水牯牛的左腋下找到'沩山灵祐僧'五个字，那就是我。"

弟子们以为老和尚只是一句戏言、一句机锋，未料禅师圆寂不久，山下果真有一头牛，左边腋下确实有师父的名字。弟子们不忍水牯牛耕作，便将它买回去，让它吃好的、住好的。说也奇怪，水牯牛却寸草不进、滴水不喝，面带忧愁，急得弟子们不知如何是好？这时有人表示："师父不是常说'欲为诸佛龙象，先作众生马牛'，要在佛教里成为有用的人，就要先发心服务、奉献自己，作众生马牛。"大家决议将水牯牛送还农家，满足师父的大愿。水牯牛工作之后，才开始继续吃草。

所谓"想要千人头上坐，先在万人脚下行"，唯有先做众生的"马牛"，才能成为顶尖的"龙象"；唯有奉献付出，才见黄澄澄的麦穗晃耀。沩山禅师所愿所行，不但奉劝佛教徒要为社会服务，更希望佛门弟子效法沩山灵祐禅师，具足菩萨道的精神，慈悲救世的热忱，为众生，为社会，为国家，为一切有情无情、有缘无缘众生，尽心尽力"做马牛"。

到地狱去

只要以愿力行善,心甘情愿为众服务,就算到地狱火坑去,依旧一心坦然,洒脱自在。

人称"赵州古佛"的赵州从谂禅师,以八十岁的高龄,因为对自己与学僧的对答,不尽满意,而留下"赵州八十犹行脚"的千古绝唱。有一则赵州禅师与信徒对答的公案,更在诙谐幽默的语言中,流露出他的大悲大智。

一位信徒问道:"像您这样有道高僧,百年后会往生到哪里去?"

赵州禅师立刻回答说:"我到地狱去!"

信徒大惊:"师父!您是一位有修行的高僧,怎么会堕到地狱呢?"

赵州禅师笑吟吟的说:"我本来也不想到地狱去,只因为你在世间上杀生、窃盗、邪淫、妄语,犯了种种的罪业,将来必定要堕到地狱,如果我不先到地狱,将来谁来救度你呢?"

　　《地藏经》中,有一段婆罗门女与无毒鬼王的问答:"圣女问曰:我今云何得到狱所?无毒答曰:若非威神,即须业力,非此二事,终不能到。"这段问答,说明了轮回转世的善恶条件并非自由意志抉择,而是因业力的牵引,或是强烈善念而发的誓愿所引导,像是地藏王菩萨发下"我不入地狱谁入地狱"、"众生度尽方证菩提,地狱不空誓不成佛",以及赵州禅师愿到地狱的悲智与大愿。

　　社会上,也有很多人怀有菩萨的悲愿,愿意到穷乡僻壤教书,到乡间部落义诊,到灾区救苦救难,甚至投身蛮地弘法度众。或许有人觉得那太辛苦,然而,个中的甘甜只有发愿投身的人明白,一旦深入其中,即能见得那遍金色晃耀的佛国净土。

　　只要以愿力行善,心甘情愿为众服务,就算到地狱火坑去,依旧一心坦然,洒脱自在。

蛤蜊观音

心存慈悲,视众生的生命与自己一般尊贵。

"应以何身得度者,即现何身而为说法。"《普门品》中这一段经文,说明了菩萨应机教化,悲愿所及已超越对待,无有差别。《佛祖统纪》有一则观音化现度众的记载,更是佛心慈悲的流露。

唐文宗开成元年,一日,文宗皇帝食用蛤蜊,却始终打不开硬壳。文宗心有疑窦,于是设香案,焚香祈祷。顷刻间,蛤蜊的壳竟然自动打开,里头端坐一尊观世音菩萨。文宗不明所以,因而召见终南山惟政禅师,问明原因。

文宗一见惟政禅师急忙趋前:"不知蛤蜊内出现菩萨圣像,可有祥瑞之兆?"

惟政禅师笑了:"物无虚应,凡事必有它的道理。这是菩萨欲启陛下信心,告诉陛下应仁物爱民,不要常常为了一饱口腹之欲而杀生，劳民伤财。""经云：'应以何身得度者，即现何身而为说法。'现在菩萨现身，是为皇上说法！"

文宗迷惑不解："菩萨虽现身，却未曾为我说法啊！"

惟政禅师反问："蛤蜊中会现观音圣像，不知皇上可相信？"

"这种稀奇灵异的事情，如何不信？"

"菩萨已经为您说法了。"

文宗皇帝从此戒吃蛤蜊，下旨渔民停止进贡，更诏令天下寺院广立观音圣像，并敕命惟政禅师住持圣寿寺。

明朝愿云禅师有偈："千百年来碗里羹，怨声如海恨难平；欲知世上刀兵劫，但听屠门夜半声。"人类为饱口腹之欲而屠杀生灵，活鱼三吃、羊肉炉、姜母鸭等招牌，处处林立，众生的怨恨哀戚也在大快朵颐间，声声奔腾，声声澎湃。观音菩萨化现蛤蜊即是提醒世人心存慈悲，视众生的生命与自己一般尊贵，在重视生权的同时，这个世界必定能和谐安乐，不致灾难频仍了。

为国忘私

慈悲，能折服高傲，平息嗔怒，让好胜者心生畏惧，贪赃枉法者知道反省。

在中国历史上有"南天一柱"之称誉的冼夫人，出生高凉冼氏家族。冼氏家族世代为南越首领，部落十万余人。在这样的环境下，冼夫人从小就懂得行军用师之术，常以忠义平服众人。岭南地区能维持百余年安定的太平局势，与她的勇敢、善谋有很大的关系。

当时，罗州刺史冯融素闻冼夫人的志行，便为儿子高凉太守冯宝牵线，聘以为妻。婚后，冼夫人经常和夫婿共同处理政事，参决辞讼，也改革不合民意的旧规，实施新令。就算是首领犯法，即使是亲族也不徇私，一律秉公处置，因此发布了一套有序有制的政令，让万人敬服。

冼夫人的兄长冼挺，曾经受到奸臣李迁仕的挑拨，横行无道,四处寻衅滋事,经过几次规劝还是霸道如故,洗夫人就将兄长就地斩首,以正世人。李迁仕接着又勾结广州刺史欧阳纥谋反,还挟持洗夫人的儿子冯仆为人质,企图逼她就范。没想到洗夫人以国家为重,不顾骨肉私情,仍然领兵围剿叛贼,平定乱事,救出冯仆。

要建设安定富足的国家,执政者的智慧领导很重要,而"为民设想"的体恤与德行更是弥足珍贵。洗夫人统领政事,凡事以大众的利益为前提,不苟且徇私,因此获得了岭南各族的信赖与敬重。

从历史上的明训可知,世间最大的力量,不是刀枪剑戟,不是谋略奸巧,更不是天子的玉玺、诏令,而是慈悲。慈悲,能折服高傲,平息嗔怒,让好胜者心生畏惧,贪赃枉法者知道反省。

慈悲不是一个定点,而是感情的不断升华;不是私情为己,而是"但愿众生得离苦,不为自己求安乐"的大悲胸怀。洗夫人能舍下亲情,只求百姓大众的承平安乐,便是慈悲为他的最佳表现。

钱若水办案

顾虑他人的难堪,不扬己善,这种善行就是古人说的"积德"。

钱若水是宋代河南新安人,在太宗雍熙年间考中进士。他担任同州推官时,有人报案说他们在一户富家为婢的女儿失踪了,请求查明。知府受理后,就将案子委托录事参军办理。这位参军以前曾向那富人求助,没有如愿,怀恨在心,接到此案,未查明真相,就判决富人父子合伙杀掉婢女,把他们关进牢房,再把罪状送知府。

钱若水在知府处接到供状,发现疑点重重,迟疑不肯判刑。参军很生气地说:"你是不是接受贿赂,想释放他们?"钱若水笑着说:"这么重大的杀人案,难道不能让我仔细查证?"

钱若水锲而不舍地明查暗访,终于知道那女孩是私嫁到邻县。钱若水禀明知府,赶紧将关在牢里的父子无罪释放。死里逃生的富人,喜出望外地向知府叩头,说:"幸亏有您,才不致遭灭门之祸。"知府说:"你的命是钱推官救的。"富人回家后,携带礼物到钱若水家道谢,钱家闭门不肯接待。富人领着家人绕着钱家的围墙哭谢,又到各地寺院供佛斋僧,为钱若水添福添寿。

知府告诉钱若水:"你平反了这么大的冤情,我要上报给朝廷知晓。"钱若水推辞说:"我只是单纯地想申冤,没想到加官赐赏。如果你上书了,对我固然是好事,但参军怎么办呢?"这些话给录事参军辗转听到了,连夜赶到钱家叩头谢罪。

俗语说:"救人一命,胜造七级浮屠。"钱若水不仅救了两命,免除无辜者遭灭门之祸,且不接受报答,又能顾虑他人的难堪,不扬己善,这种善行就是古人说的"积阴德",真是功德无量。

在《了凡四训》中记载着:袁了凡曾发愿行一万件善事,他妻子忧虑这么大的愿,不知何时才能圆满,结果夜里梦见神人来告诉她:袁了凡向朝廷提议"减租",让县里百姓免除饥馑之苦一事,就已具足万善了。

"人在公门好修行"，一个公务员在工作岗位上，能够尽心尽力地为百姓服务，千万别漠视能够随时便民、利民的好机会，因为这就是最好的修行方式。

退一步海阔天空

心存慈悲,心能容人,不但化解他人的难处,也为彼此留一点转身退步的空间。

平时我们受到委屈、伤害与误会,是急于反击、解释,忙着讨回公道、争一口气呢,还是不与人计较,付之一笑呢?

宋代的石曼卿学士,有一次出游报宁寺,侍从不小心使马受到惊吓,坐在马背上的石曼卿因此摔了下来。随从大骂侍从粗心大意,石曼卿却温和地握着马鞭,对随从说:"好在我是'石'学士,如果是'瓦'学士,岂不要摔破了?"

还有一次,有个人上门争论,硬是说石曼卿的牛是自己家中走失的。石曼卿说:"既然是你家走失的牛,你就牵回去好了。"后来,这个人发现错了,把牛还回来,并再三致歉。石曼卿安慰:"人难免有误会的时候,过去就算了，请不必介意。"

弘一大师说："以穹隆之量容人，则德日广大。"石曼卿宽宏大量，不与人计较对错，他心存慈悲，心能容人，不但化解他人的难处，也为彼此留一点转身退步的空间。

面对委屈、伤害、误会，是琐屑较量、争到底，还是以宽厚、慈悲对待，全在一念间。这一念决定了我们结下的缘是善是恶，也能察知一个人的品德与修养。

王阳明说："种德者必养其心。"在日常处事、与人相处间，观心、练心、修心，才不辜负每一段因缘，更能增长自身的福德智慧，因此《坚意经》有言："慈心正意，罪灭福生；邪不入正，万恶消烂。"一念慈悲，恶消善长，自然所遇所见都是好因好缘好人，心境也能自在安详，生活更是悠闲快意。

淮西大脚妇人

诸佛以仁为三界上宝,宁殒躯命,不去仁道。

明太祖朱元璋的马皇后聪明善良,深得太祖的敬服。朱元璋曾与谋士刘伯温在元宵夜私访京城,在灯会上看到一幅谜面,画着一双大脚的妇人,抱着大西瓜,模样十分逗趣,却不解其意,问刘伯温:"这个谜面所指何意?"刘伯温答道:"淮西大脚妇人。"朱元璋问:"指的是谁?"刘伯温笑着说:"可以问问皇后娘娘。"

朱元璋回宫后问马皇后,她笑着说:"我是淮西人,且为天足,当然是指我了。"朱元璋大怒:"怎么可以嘲讽皇后?"传旨要捉拿出谜的人。马皇后劝说:"佳节吉日,与民同乐,又有什么关系呢? 何况我本来就是天足,他也没说错啊。"朱元璋才作罢。马皇后敦厚与善解人意的个性,无形中挽救了许多无辜的生命。

马皇后病重,朱元璋勉强她吃药,她说:"死生有命,命该终时，即使是神医扁鹊来，也没有用。如果我服了药，而病竟不好，你难免会迁怒医生。我不忍心见他人无罪受罚。"朱元璋说："你只管吃药，万一无效，我也不责怪御医。"马皇后太了解朱元璋了，坚决不服药。

孟子说："居移气，养移体。"意思是说居住的环境和人生境遇会改变一个人的气质。朱元璋由于出身与个性的关系，生性好疑且残忍，大明江山底定之后，便废宰相、兴狱案、辱朝臣。这样的人，当然容不得别人拿他的亲人开玩笑，迁怒、杀戮对他而言，也是家常便饭。幸亏有马皇后幽默的智慧及容人的雅量，明太祖一朝才能减少许多冤魂。

《六度集经》中所说："诸佛以仁为三界上宝，宁殒躯命，不去仁道。"凡是众生，都以自己的身命为重。菩萨道的修行，则将仁心置放在生命之上。马皇后在命危之际，犹能顾及他人，这样的悲悯心，已是菩萨胜行。

宽宥小过

"知人、育人、用人、留人",这是身为领导者应当具备的识能。

明代的屠枰石先生,担任湖州巡按时,一些小人耳闻他执法不苟且的作风,就到处探听文人秀才的过失,希望借此巴结他,博得小利与爱顾。

有个秀才在妓院过夜,当地保甲获知消息,便将秀才连同妓女押到署门。大堂上,保甲跪在地上大呼两人的罪状,屠枰石却从容自若地办理案头公文,假装没听见。保甲以为他没听见,便缓缓膝行朝前,挨近屠枰石。屠枰石确定保甲已经离秀才很远了,便向守门的衙役挤眼,示意将秀才放走。衙役悄悄走到保甲身后,放走了秀才。

屠枰石这才抬起头来,问:"秀才在哪里?"

保甲依旧盛气凌人,回头欲指,竟然不见秀才身影,吓得大惊失色，呆若木鸡……屠枰石于是下令行杖三十大板，并将妓女赶出衙门。

事后，保甲与人谈起这件事，总说："恐怕是捉到鬼了。"

湖州地方的秀才们明白，是屠枰石曲全贪酒色的读书人。湖州从此风气端正，刁讼之风也日渐平息。而这个秀才也引以为鉴戒，努力向上，由贡生做到教官。

冯梦龙在《智囊》里，再举宋人韩亿对人告发官吏小过失的看法，评议屠枰石深明大义，太平盛世当让人人各得其所，不须为无关紧要的芝麻小事，禁锢一个人的身心与"前途"。

不计小过，是慈悲的表现，也是领导者的智慧。统理大众，关键是要能"知人、育人、用人、留人"，这是身为领导者应当具备的识能。知人，首重了解各人长短，才能避短而发挥所长；育人，要懂得教导部属，导引善法而发挥潜能；用人，要公平合理，避免是非而重视工作表现；留人，要使之有前途，当给予契机而能奋起飞扬。

在上位者能善用人，必定可获得适事、应时的人才，让组织团体常处"太平盛世"。

行慈悲

以慈悲心对人，能够息贪止嗔、消弭争斗，让人间吉祥安乐。

"众生皆畏死，无不惧刀杖。"在侵犯别人，吃众生肉，以钓鱼钓虾、玩弄小昆虫取乐时，是否能立场互换，试着想想对方的心情感受？试着想想在死亡和痛苦面前，谁能不忧惧恐慌？

清雍正时，有位大将军名叫年羹尧，骁勇善战，在边陲为清朝立下赫赫功绩。一次，年羹尧率兵出征，抓到敌军的三个下级军官。年羹尧问第一个军官："你猜我要杀你，还是不杀你？"这个军官一脸惨白，不停地磕头："您慈悲为怀，一定不会杀我的。"年羹尧大声斥责："什么慈悲为怀，我以刀枪为本！你说不会杀，我偏要杀。"说完，下令军士将他推出营帐外斩首。

年羹尧又问第二个军官。这个军官拍拍胸脯，直说:"我想大将军会杀我的,反正再过二十年投胎重生又是一条好汉!"年羹尧放声大笑:"好,好,好,我成全你,送你上西天。"说完,军士又将他拖出营帐。

接着,年羹尧看着第三个军官,问:"你呢?"

第三个军官回答:"这件事我没有办法随便判断。"

"如果我杀了你呢?"

"这是将军的威望。"

"如果我不杀你呢?"

"那就是将军的德政! 以威势或施恩德,请将军自己决定。"

年羹尧心想:杀了他等于自损德政,于是当场将他放了。

以强权威势无法让人心服,只有施恩德,行慈悲,才能摄人、服人。印度孔雀王朝第三代阿育王,便是一例。阿育王本来生性残忍好杀,即位之初,为了巩固自己的威望,常发动战争、暴虐无道,使得生灵涂炭,人称"黑阿育"。后来皈依了佛教,诚心忏悔,以仁心治理国家,为印度历史创下一个辉煌王朝。

佛经有言:"慈息贪欲,悲止嗔恚。"以慈悲心对人,能够息贪止嗔、消弭争斗,让人间吉祥安乐。

学会承担

学习吃亏，学习承担，学习慈悲待人。

我们常常祝福别人"吉祥如意"、"自在吉祥"、"新春吉祥"……吉祥有平安、顺心、圆满的涵义。如何能吉祥呢？《法句经》认为，待人以慈悲，便能获致吉祥："一切为天下，建立大慈悲，修仁安众生，是为最吉祥。"

多年前，慧龙法师从寿山寺驾了一部"小山富"汽车回佛光山，在崎岖难行的小路上，一个无照驾驶的农夫正开着铁牛车迎面而来，慧龙法师无处闪躲，"砰"的一声，彼此撞个正着。铁牛车人车无恙，但是"小山富"汽车可惨了，不但车身支离破碎，稀烂一团，里面坐着的慧龙法师鲜血直流，不省人事，眼看着奄奄一息，命在旦夕。

农夫吓得脸色发青，赶紧与路人将他送至高雄外科医院，医师急救后说道："慧龙法师肋骨、肱骨断了八根，至少要在医院里疗养三个月才能恢复。"当我到医院探望他时，他却很平静地跟我说："师父，千万不可以怪那个铁牛车司机，不要要求赔偿。这是我的业障，应该自己承担！"他丝毫没有一点怨恨。

面对庞大的医药费，农夫实在欲哭无泪，直向慧龙法师道歉赔不是。在病床上的慧龙法师反倒好言安慰农夫说："没有关系，我不会要你赔，这么多的医药费，你就是倾家荡产也赔不起。你放心，让我自己来承担好了。"

伤愈之后慧龙法师虽然身体里还有很多铜管、铁条，但他仍一如常人，行动自如，甚至四处弘法利生。这么一位厚道的出家人，一心一意慈悲待人，不以自身利益得失、性命为优先，宁愿自己吃亏也不把过失加之于人，让人不能堪受。俗话说："好心有好报"、"憨人有憨福"，我想，往后他必定有大福报，也能诸事吉祥。

人生如同一门一门的课程，我们必须在课程当中学习认错，学习吃亏，学习承担，学习慈悲待人，在一次一次的学习中为人带来"吉祥"，从而更加圆满自己。

千里还愿

多一分慈悲心，多一些柔软语。

心定法师刚接任佛光山寺的住持不久，他告诉我一件事：

有一天药石后，他在大雄宝殿前面一面念佛一面经行。忽然看见一位老太太气喘吁吁地，从成佛大道跑到大雄宝殿门口想要进去，但是殿堂已经关闭，铁门深锁。

看她着急的样子，心定法师就上前去关心。老太太说："我三年前到这里来许了一个愿。我住在花莲，平常都是捡破烂的，好不容易有了一千多块的铜板，我现在要来还愿，赠送给佛祖，但是门关起来怎么得了，我还要赶回去，我是坐火车转搭汽车，好不容易到了这里……"

心定法师一听，赶快找香灯师来开殿门。佛光山很大，工作结束后大众各自用功办道，不容易找。费了好大工夫，终于找到香灯师来开殿门，让老太太拜佛、还愿。

心定法师跟老太太说："天色这么暗了，就不要回去，在山上住一晚吧！"

老太太说："我如果住下来，又要缴吃饭的钱、住宿的钱，实在负担不起！"

"哎呀！你这么诚心，应该让常住来招待你。"心定法师带着老太太到佛光山的朝山会馆，为她安排上等客房。

第二天早上，老太太要离山时，依依不舍地望着远处的大佛掉下眼泪，她说："我这一生从来没有被人这么礼遇过。"

心定法师告诉我这一件事情后，我告诉他："你真的能当一个住持了，有这样的爱心，有这样的人情味，就是住持之道。"

住持之道如此，待人之道更是，多一些人情味，多一分慈悲心，多一些柔软语，多一点关爱的眼神，人与人之间就能连成一片蔚蓝而清澈的天空。

师父心

只要是肯施予慈爱的人，都能作天下人的父母。

我常鼓励大家，我们宁可失去世间上的一切，也不能失去慈悲心。为什么呢？从我一位徒众依宏法师身上，可以了解个中意义与道理。

依宏法师随我出家二十多年，是一位老实办道的修行人。记得过去我在佛光山刚刚开办大慈育幼院时，十分缺乏人手，天性慈悯的她自愿前去照顾小孩。

有一年，几乎有一个月的时间，我没有看到她出来走动、吃饭，心里很挂念，后来才知道原来是育幼院里的孩子出水痘，一个接着一个发高烧，卧病在床。眼看蔓延下去不是办法，为了与大众隔离，她辟出一个房间给出水痘的病童，自己也和他们一起同住，每天起早贪晚，帮他们煮饭、喂药、说故事，当他们哭闹的时候，还得耐心劝导，好言安慰。

这件事慢慢地传扬开了，许多人赞美她慈悲为怀，但也有些人不解地问她："只不过是一群孩子，长大了也不一定留得住，何必那么含辛茹苦地对待他们呢？"

她说："正因为他们没有父母照顾，所以才把他们接引到佛门里来，让佛教作他们的父母。"

还有些人看到孩子对她服服帖帖，很奇怪地问她："你没有做过父母，怎么能把孩子管教得这么好？"

她不卑不亢地回答："不一定有孩子的人才可以为人父母，只要是肯施予慈爱的人，都能作天下人的父母。"

观觑世间，有的人具足财富，但未必具足道德；有的人拥有土地万顷，但未必拥有快乐；有的人极具权力，但未必掌握得住自己如万马奔腾的心。然而，也有的人深具慈悲心，他们安于每个因缘，欢喜生活，就像这位依宏法师。

我想，拥有慈悲心的人，才是最富有、最快乐的人，诚如《法句经》所言："一切为天下，建立大慈悲，修仁安众生，是为最吉祥。"

花生汤

孝养父母是每一个人应尽的责任。

依空法师的父亲张来福老先生是一位中医师,因为女儿来山出家,所以偶尔也会上山小住。

有一年,他来山上挂单在朝山会馆,我担心工作人员是否招待亲切,于是问依空:"父亲住得习惯吗?饮食合胃口吗?"

依空说她父亲因为长年胃疾,三十年来不能进食五谷杂粮,只能喝花生汤,因此这几天她都亲自熬花生汤给父亲吃。第二天早斋,刚好侍者端了一碗花生汤给我喝,我突然想起张老先生,赶紧派人把依空找来,要她趁热送给父亲食用。哪知张老先生吃了以后,千言万谢不绝于口。

几年以后,依空告诉我,她父亲一直到往生前,都还念念不忘我给他的一碗花生汤,而且经常向亲友说:"星云大师对我们佛门亲家多么礼遇,奉为上宾,别人供养的花生汤,他都慈悲省下来送我吃。"

听了依空的叙述,我的心中颇有感慨,区区一碗花生汤,就让张先生对我感激了一辈子。其实,"僧情不比俗情浓",我不但要求全山徒众要孝敬每一位同门师兄弟的父母,而且我也把这些佛门亲家视为自己的父母,给予安养,以报答他们将儿女送来学佛度众,我以为这就是人间佛教的孝顺之道。

佛陀在《父母恩重难报经》中提到父母恩德形容:"假使有人左肩担父,右肩担母,研皮至骨,穿骨至髓,绕须弥山,经百千劫,血流没踝,犹不能报父母深恩。"父母之恩,昊天罔极,怎能不报?不只佛门,孝养父母是每一个人应尽的责任。

人蛇共处

转迷为悟、转邪为正、转恶为善,将我们所拥有的好的一半,去改变那坏的一半。

有人认为佛光山很大,常常抓到毒蛇就拿到佛光山来放生,不仅让人觉得不可思议,也曲解了放生的真正意义。

这当中发生过一件趣事:一天清晨,心定法师做完早课,回到寮房准备换长衫。一打开衣橱,咦!角落里怎么多了一堆东西?打开电灯,定睛一看,原来是一条粗大的蟒蛇正盘在那里,昂首睁眼,吐着红信。他赶紧关起来,不敢惊动它。但是他还是得开衣橱拿东西,于是笑嘻嘻地和这位不速之客商量:"你是不是喜欢这里呢?如果你想要住在这里,我很欢迎,但是我们必须遵守共住规约,那就是大家互不侵犯,好吗?"蟒蛇似乎听懂了他的意思,温婉地把头低下。

此后每次回到房间看到蟒蛇,心定法师总是不忘和它打招呼,它也颔首作礼,大家相安无事地共处了一个多月。

　　有一天,当心定法师打开衣橱时,蟒蛇杳无踪影,但见一堆蛇皮留在那里作为纪念。此后,心定法师与人谈起此事,总是津津乐道地说:"连蛇都听我的话,人怎么会不听话呢?"

　　心定法师能与蟒蛇一起相处,没有受到伤害,可见人与畜生都有一种和平的愿望,所以佛教有言:"有情无情同圆种智!"因为一个慈悲的心肠,要蟒蛇也为之感动,彼此互不侵犯,相安无事,足见慈悲的力量不可思议。

　　在动物里面,鸽子拥有和平的象征,蛇是有毒的代表;人也是一样,有和平的性格,有斗争的性格,有喜舍的人,有贪欲的人。我常说,这世间的本来,便是一半一半的世界。好的一半坏的一半,善的一半恶的一半,黑的一半白的一半,佛拥有了一半的世界,魔也拥有一半的世界,但重点在于不陷入二元对立的困境中,而是转魔为佛、转迷为悟、转邪为正、转恶为善,将我们所拥有的好的一半,去改变那坏的一半;用善的一半,去感染那个恶的一半!

丑女投河

无嗔的面容最美丽。

有一个女孩子神情悲伤地站在江边,过了一会儿就跳下河里去了。投河自尽的女孩刚好被一个路过的老和尚救了起来。

老和尚把她带到寺院里面开导她:"小姑娘,上天给予我们人有两个生命,一个是自私的生命,只想到自己:我要有钱,我要有爱情,我要很顺利,我要富贵荣华,凡事只是自私地想到自己。你刚才投水,很好,把那个自私的生命结束了,现在,你活的是第二个生命。这个生命是大慈大悲的,起心动念都是为别人设想的:我要给父母快乐,我要兄弟姐妹欢喜,我要为亲戚朋友、社会大众服务。这个为别人设想的第二个生命,我已把她救回来了,现在我把她交给你。"

这个女孩因为长得丑陋被人耻笑,心情痛苦地投河自尽,在听了老和尚的话回家后,不管别人如何地看不起,她都能忍耐,而且一改自己的思想言行,帮助需要帮助的人。

她到寺庙做义工,扫洒道场,让大众有个洁净的共修场地;她也到老人院、幼儿园,为老人和儿童服务。几年过去了,她的善行美名传播到各个乡里,受到大家的尊敬和赞叹,由于大家的赞叹,她心情也开朗起来,由于心情快乐,相貌也在慢慢地改变,变得清秀美丽了,后来就嫁给村庄一个有为的青年,拥有幸福美满的姻缘。

一个眼里只有自己的人,即使貌如西施,恐怕众人也视为蛇蝎,不愿亲近。故事中的丑女由于行善而改变容貌,其实这未必是神话,因为相由心生,世间上的人用整容去挽留逝去的青春,用金钱去雕塑完美的身材,这些方法毕竟有限,最好的整容师就是诸佛菩萨。《普门品》说,只要有人称念菩萨的名,必生端正有相,而且得到众人爱敬。什么是最好的化妆品,当然就是修学佛法,因为无嗔的面容最美丽,慈悲的相貌最能得到大众的喜爱。

四十岁之前的脸是父母给我们的,四十岁以后的这张脸,生的是罗刹丑陋的相貌,还是菩萨慈眉善目的脸,端看我们个人的修为!

广植净莲

真正的慈悲,是对每一个众生恭敬,没有净秽好恶的分别。

话说四五十年前,在大陆时,寺院里我认识了一位悦西法师。他以念佛为修持法门,表示欢喜西方极乐世界。他是中年出家,我知道他一段出家前的故事。

出家前的悦西法师,俗姓王,是个信佛虔诚的居士,在寺院中打扫、挑水、砍柴,做种种事务,人勤劳又发心,因此得到全寺住众的尊敬。

在寺庙里住了一段时间后,发现他经常在用过早斋后,行迹神秘地外出,每当别人问起去处,他总是轻描淡写地答说:"去办点杂事。"王居士如此密不告人的举止,引起了一位住众的好奇。有一天,这个人就尾随着王居士,才发现他走进一家妓院。

跟踪王居士的人,气呼呼地回到寺中,把亲眼所见之事，禀告住持和尚，全寺人众，一致要求住持一定要驱逐他，要他迁单（即离开寺院）。等王居士回到寺里，知道大众已知晓他每日的行踪，他没有求情，也没有辩解，只是要求临走前见住持和尚一面。

王居士向住持说："我个人被驱逐离寺不要紧，但是如果影响寺院的清誉，这个罪过，我就担待不起，请和尚慈悲，随我前往一趟。"当王居士提出这个请求，全寺哗然，都一再劝阻住持和尚不可听信他的狡诈之词。王居士又说："亲眼所见，亲耳所听，未必是真理的实相。"住持平时十分欣赏他的为人，对王居士到妓院之事，心有疑虑，于是答应他，明天早上随他前往。

第二天早上，住持和尚以及全寺的住众，跟着王居士来到妓院的门口。当他们踏入门槛里，两排穿着海青的女众，依序排列着，脸上看不到化妆品，听不到莺莺燕燕的声音。当王居士引磬一落，她们合掌礼拜后，随着木鱼的节奏，开始念佛。南无阿弥陀佛，并没有放弃这块情欲的泥沼，但是在她们的脸上，绽放着青色青光、黄色黄光、白色白光，一朵朵光无瑕秽的莲花。

慈悲在哪里？救济众生身体上的饥寒，不过是初级的慈悲,真正的慈悲,是对每一个众生恭敬,没有净秽好恶的分别。菩萨为度众生,愿常处秽土,遍洒悲情甘露,如同悦西法师的前身——王居士,身入青楼妓院,用念佛声,使她们卸尽铅华,广植内心的净莲。

学会惜福

凡夫的心用几个铜钱去计量,圣贤的心则以无尽的因缘去爱惜。

雪峰禅师和同伴三人出外传道。一天黄昏里,他们走在河边,眼看着天色慢慢地暗下来,彼此商讨着今晚要到哪里投宿。其中一个人发现前方有炊烟升起,料想上游必定有住家,于是三个人沿着河岸往前走。忽然水面上漂来一片青青的菜叶,雪峰禅师一看,心中不悦,向同伴表示,不愿意到那户人家投宿。因为他不惜福爱物,这种人大胆粗心,微妙的佛法流不进他的心田,不值得我们去度化。

正当禅师们彼此议论纷纷,一个满头大汗的居士,快步奔来,向他们说:"三位师父,你们有没有看见河面漂流的菜叶子?"雪峰禅师说:"你问这片菜叶做什么呢?"居士回答:"因为我在洗菜的时候,一不小心一片菜叶滑落,我沿着河边,追着菜叶。"雪峰禅师感动他对一片菜叶都这么珍爱宝贵,于是欢喜地前往投宿,并且为这户人家讲说禅心妙义。

一片菜叶值几何? 凡夫的心用几个铜钱去计量,圣贤的心则以无尽的因缘去爱惜。人的福分,像银行的存款,即使家财万贯,任意挥霍,终究散尽败落。一生的困乏亨通,点点滴滴都是有因有缘的,当怨尤果报时,应当思惟,昨日种下的因缘。

惜福是爱惜我们开垦的福田,不被贪、嗔、痴三恶牛践踏禾苗,结缘则是为我们聚合春风雨露的资粮,使我们的心田开花结果。爱惜自己的福报,就是珍惜自己的现在;广结人间的善缘,就是丰富自己的未来。

慈悲救人

给人慈悲，帮助他人，自己不但不会少什么，反能得到欢喜、得到快乐。

六十余岁的单身老人沈政豪，随着观光团至澳洲游览，不料心脏病发，客死异乡，无人处理后事。旅居澳洲的佛光会会员陈有德居士得知此事，基于同胞之爱，主动出面协助，将沈老先生的遗体收殓入棺，并且邀集佛光会会员一同前往助念佛号。陈居士好不容易联络到沈老先生在台湾唯一的女儿，无奈她从小就送给别人做童养媳，经济状况不佳，能赶来澳洲奔丧已经很勉强，哪里有余力让父亲落叶归根？陈居士十分同情，便承诺负担沈老先生一切身后事宜，并且将灵骨送回台湾。

为了支付大笔的丧葬及运送费用，陈居士与殡仪馆达成协议，将为馆方服务数月来代偿负债，又陈情航空公司，要求酌情减价。如此一缕在异乡漂泊的魂魄，才得以安息故里。然而陈居士却因此丢失了原本的职业。

朋友们问他："你与沈政豪非亲非故,值得这样做吗?"陈居士一笑置之："我的信仰告诉我:'人,什么都可以没有,但不能没有慈悲。'从这件事情里,我感到自己提升了生命的意义,完成了宗教的实践。"

一个月后,他找到另一份工作,重新开拓自己的事业。

"助人为快乐之本",给人慈悲,帮助他人,自己不但不会少什么,反能得到欢喜、得到快乐。有的人常常只妄想金钱、名位,看不到这个世间上,处处都有比金钱更为重要的欢喜、快乐……为什么我们不想拥有呢?

棒球场上

每天晚上,空出一个时间,静心地看看自己"像不像个人"。

台湾体育风气很盛行,尤其是棒球运动,从"少棒"、"青少棒"、"成棒",到"职棒",喜爱棒球的人越来越多。

过去曾有一个棒球场上的笑话:有些群众观看球赛时,每当投手投了四坏球,立刻表示不满,齐喊:"换投手!换投手!"捕手漏接时,又是一阵大叫:"换捕手!换捕手!"打击手被三振出局时,还是传来:"换打击手!换打击手!"

整场都在鼓噪、反对,终于有一个观众忍不住了,他站起来大声喊:"换观众!换观众!"

换投手、捕手……其实该换的是自己,而不是别人。

常人往往看到别人的"不好",可是自己又何曾好过呢?

曾子说:"吾日三省吾身:为人谋而不忠乎? 与朋友交而不信乎? 传不习乎?"何不把心眼朝向自己,每天晚上,空出一个时间,静心地看看自己"像不像个人"。

思考一下:我今天有愧疚人家吗? 有贪图享受吗? 有说出不当的话语吗? 有认真工作吗? 责备人的时候,想想自己好不好、有没有犯过;宽恕自己,为自己说理由的时候,也以同等的慈心对待他人,所谓"宽以待人,严于律己",才是正确的观念。否则一味换掉别人,终有一天会发现,你的心再也"容不下一粒沙石"了!

化干戈为玉帛

满人所愿、给人欢喜，或许在我们认为只是尽一点绵薄之力，然而在对方来说却是万分的欢喜与温暖。

在屏东县东港有一个蔡姓人家，大女儿高中一毕业，怀着满腔为教热忱，不顾双亲反对，毅然随我出家，法名满维；接着二女儿也起而效仿，承担如来家业，法名觉宽。记得当年她父亲有如惊涛骇浪般地愤怒，扬言将诉诸法律，并且不惜与我对簿公堂，好要回他一手养大的孩子。虽然后来因为两位女儿意志坚定，蔡先生的态度渐行软化，却也在心底筑起一道坚墙，排拒佛光山，甚至对我有了难解的心结。尤其在孟桦上山服务后，他更是伤心透顶，万念俱灰。

一九九三年，孟桦的奶奶往生，蔡先生无意中提及："如果大师能来家里一趟就好了！""哇，不可思议！父亲居然希望那位影响女儿出家的星云大师光临寒舍。"女儿听了真是欢喜万分,然而又想到我经常在外弘法,行踪不定,况且家里根本谈不上对佛教有所贡献,恐怕很难会有这样的福德因缘。

我知道这件事以后,特别错开行程,在百忙之中赶抵东港小镇,为她奶奶主持告别式。孟桦说她永远忘不了大师踏入家门的那一刻,见到父亲眼底的泪光;最令她震撼的是,她父亲居然跪着供养我。我告诉蔡先生:"我们是自己人,不可以见外,否则我要生气了。"

四年来,桎梏蔡先生的那一道心墙,顿时瓦解冰消,取而代之的,是一片赤诚的真心和感激之情。后来,蔡先生不但带领亲戚三十七人上山皈依,更积极地担任一九九五年东港佛光会会长一职。她问父亲:"是什么力量使您突然信奉佛教,皈依三宝?"他回答道:"大师虽然是一位出家僧,但他的人情,是我们全家族一辈子也还不了的。"

满人所愿、给人欢喜,或许在我们认为只是尽一点绵薄之力,然而在对方来说却是万分的欢喜与温暖。不吝我们的一个小动作,则人间处处尽是温情!

终身不娶

对自己的人生，何不以慈悲善美的颜料，把它画得动人心弦呢？

袁维刚驾车南下，准备到佛光山参加朝山，无奈在三义碰上塞车。半个钟头了，还不见动静，扭开收音机，广播员正以急促的声调报道路况，原来不远处发生连环大车祸，十几部车子追撞在一起。他本能地想到："一定伤亡惨重！"于是将车上的急救用具放在朝山袋里，往身上一背，下车加入救难行列。

只见现场一片血肉模糊，大小车子一团稀烂，来往救护车的呼叫声与伤者家属的哭喊声杂在一起，为凄凉的气氛带来几许哀伤。

四周的浓雾久久不散，救护工作困难重重。就在帮忙将一个面目焦黑、肚破肠流的男士抬到担架上时，忽然，他听到远处传来婴儿绵绵密密的啼哭声，再仔细聆听,中间还夹杂着虚弱的呻吟。他循着声音,走到一辆四脚朝天、已被挤压得扁塌不堪的蓝色轿车旁,一阵微细的声音又在耳畔响起:"先生,在这里……求求你……"

他顺势蹲了下去,驾驶座上的先生垂着头,脑浆汩汩地淌着,摸摸鼻孔,唉!已经断气了,没有救了!后座的一名少妇血流满面,眼睛朝着他示意,他顺着少妇的眼神往下看,原来少妇的怀里正紧紧搂着一个婴孩。

"我不行了……这个女孩,拜托你了……"说罢,少妇闭上双眼,咽下最后一口气。

十年了,女婴已经长大,在国民小学就读四年级,袁维刚给了她一个温暖甜蜜的家,只可惜家里始终缺少一个女主人,因为袁居士深恐结婚以后,另一半不能善待这个女孩儿,所以尽管多少人来说媒,他都予以婉拒。朋友们纷纷劝他不必那么傻了,他却说:"佛陀在因地修行时,曾经为了救一只鸽子,宁舍身命,割肉喂鹰,我这一点儿牺牲算得了什么呢?"

生命就像一幅图画,如果你画得美好,画得很有可看性,就是值得的。对自己的人生,何不以慈悲善美的颜料,把它画得动人心弦呢?

父亲的忏悔

爱心是最大的动力。

　　曾经有一个原来美满和谐的家庭，因为父亲有了外遇经常不回家，甚至最后放弃了这个家。母亲不得已就担起教育儿女的责任，白天为清洁队工作，晚上做苦工、替别人家洗衣服，赚钱替儿女缴学费。几年后儿女大学毕业了，在家里举行庆功宴。谈话中，忽然话题谈到父亲，孩子们一致痛恨这个没有责任心的父亲，对儿女没有尽到任何教养的义务。正当大家谈得不能自已时，妈妈终于开口："孩子，不可以这样讲你们的父亲，他是一个好人，只是不小心让环境诱惑，迷失了自己。对于迷失的人不要痛恨他，毁骂他，要学会宽容。再怎么样也不可以说自己父亲的不是……"

　　母亲在讲这话的时候，忽然听到窗外有哭泣的声音，大家把碗筷放下出去看，只看到一个男人往外面奔逃。

妈妈一看便明白是什么人，即刻叫住他："你站住！"

那男人说："我没有脸见你，更没有脸见我们的孩子。"

"浪子回头金不换，人都有错的时候，我都能原谅你，儿女还不能原谅你吗？"

那男人仍然站在原地，不发一语。

"今天正好儿女大学毕业在家里举行庆功宴，就少你一个人，回来一起参加吧！"

父亲带着惭愧的心情，跟着家人一起回到家中。也从此一改以往浪荡的个性，重新做一个好丈夫，好爸爸。

这个男人能够重新认识自己的本性，重新树立一个做丈夫、父亲的形象，太太的爱心是最大的动力。

对于那些误入歧途，不慎犯错的人，只要我们以爱心、耐心，包容他们的过失，给他们一些发现自己本来清净善心的机会，总有一天，他们会知道回头的。

宇宙爱心

孝养自己的父母，更应该孝养全天下的父母；爱护
自己子女，更应该做天下儿童的保护者。

台湾省羽毛工会前总干事赵茂林先生，虽是一个在
家信徒，但精通佛学、法器、诵经，甚至于拜忏、放焰口统
统都会，这等于拥有异能。他不仅有这许多长处，而且
很慈悲、很发心。早期曾到监狱里去，用佛法安抚受刑
人，也在台北监狱讲佛法，一讲就是二十多年，风雨无
阻，不曾缺席。

赵茂林先生和我是忘年之交，他长我几岁，很看重
我，我也很敬重他，彼此常有来往。岁月不饶人，几十年
后他喉咙得了病，甚至连讲话都不方便，进行手术后，装
上机器辅助呼吸。过去他站在佛教的立场，为社会大众
提供那么多贴心的服务，现在我要代表佛教，做他的孝
子贤孙，奉养他。

在佛光山的佛光精舍里，我们特别留一个房间给他。他表示："我没有对你有过什么贡献，你为什么要这样待我？"我说："你对佛教有贡献，佛教是我们的；你对众生有贡献，众生也是我们的，我要代表一切众生、代表佛教，给你一点服务。"后来他年老去世，就安葬在佛光山的万寿园，也为他建了一个小小的宝塔。

孝养自己的父母，更应该孝养全天下的父母；爱护自己子女，更应该做天下儿童的保护者；爱护人类，更应爱护一切众生，无论一张桌子、一件衣服……万事万物的生命都值得尊重，付出关爱，延长它们的"寿命"。

爱护宇宙万物的爱心就是佛心，无论何种信仰，具足一颗慈悲心都是不可或缺的。

对待世间万物，若抱持事不关己的心态，则无法自心中生起慈悲。

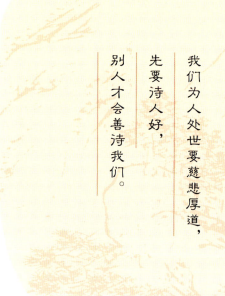

我们为人处世要慈悲厚道，先要待人好，别人才会善待我们。

一个人能够做到慈悲予众、
欢喜为人，视众生如自己，
没有分别计较，
自然与大众没有距离，
生活起来也能充实愉快。

生活中，我们不仅要接受低眉善目的菩萨，对于护法怒目的金刚也别急着排斥、拒绝。

家中活观音

时时刻刻为儿女含辛茹苦，受尽人间艰苦的母亲就
是活观音。

有一位杀猪的屠夫对母亲忤逆不孝，常生气起来，
恶口叱责母亲。屠夫虽然不孝，对观世音菩萨的信仰倒
是有几分虔诚。一次他跟着进香团，到南海普陀山朝拜
观世音菩萨。他听说普陀山的梵音洞，常常有菩萨现
身，他四处找寻，却不见菩萨的踪影。

屠夫十分失望，心里想：为何无缘见到活观音呢？
刚好路上走来一个老和尚，屠夫上前请问老和尚："我在
梵音洞找寻菩萨的真身，从早到晚遍寻无踪，我要怎样
才能亲见菩萨？"老和尚一听："你要见活观音吗？观音
跑到你家里去了，你回家就能见到活观音。"屠夫深信不
疑，临别再问老和尚说："要如何认得活观音的模样呢？"
老和尚说："他的衣服是反穿的，鞋子也是倒过来穿的，

你只要看到反穿衣、倒踏鞋的人，就是活观音。"屠夫听完老和尚一番指点，内心非常兴奋，一路赶着回家。

回到家已经三更半夜了，屠夫一心要看到活观音，焦急地敲门："快来开门啦！"母亲听到是儿子的声音，因为惧怕儿子的粗暴，急着起床开门。匆忙之间，将衣服穿反了，鞋子也踏错了，打开门时，儿子一看，母亲的样子，不就是老和尚所说的活观音吗？屠夫终于心有所悟，知道老和尚的用心，原来时时刻刻为儿女含辛茹苦、受尽人间艰苦的母亲就是活观音。

观世音菩萨有求必应，世界上的母亲何尝不是如此？给予儿女物质生活的无虑，作为儿女精神的堡垒。观世音菩萨救苦救难，人间的母亲亦如是！儿女有病衣不解带，随侍在侧，就像《维摩诘经·问疾品》说："众生病故菩萨病。"一颗心念念系在儿女的安危。

观世音菩萨千百亿化身，其中的化身之一，就是人间的母亲，用她的血乳哺育我们的身体，用她的慈悲苗壮我们的心性，用喜舍成就我们的前程。

可怜的老公公

不只是贪图、希望别人给我，而是欢喜给人。

记得在我幼小的时候，我们居住的农村较落后，晚上没有什么消遣，就是听听大人讲讲故事。一个寒冬的夜晚，家人围炉闲话，有个大人说到一位老公公居住在深山里，孤独一人，无儿无女，生活没有亲人照顾，只好每天看着日出日落，每个夜晚听虫鸣风吹过日子……

在我幼小的心灵中，听到这样的故事，觉得这个老公公很可怜，我应该要去帮忙他、供养他，便忍不住流下了眼泪，又怕大人看到难为情，就躲到桌子下面，一边流泪，一边挂念着老公公。忽然，大人们发觉有一个小孩不见了，找了半天，发现我蹲在桌子下面，就把我叫出来。我说："老公公太可怜了，我们一定要去买点东西，送去给他。"大人安慰我说："这只是一个故事，并不是真的。"我闹着："你们骗我，一定有的。"

父母亲拗不过我的哭闹,竟然顺着我的意思到街上,找到一家还没打烊的商店,买了一点吃的东西,还陪着我走了一段很远的路,到我的外公、外婆家里敲门。睡梦中的外公起身开门,朦朦胧胧不明所以,问:"为什么?"父母亲表示,要送他们东西。直到将食物送到外公的手上,我才安心地随着父母亲回家睡觉。

每一个儿童都盼望圣诞老人送来礼物,但是圣诞老人谁来照顾呢?是不是也该有礼物来回馈他呢?就算一句感谢的话、一颗糖果、一份小小的纪念品也好。

对于儿童的教育,应培养他们不只是贪图、希望别人给我,而是欢喜给人的心理与习惯。年年在大雪纷飞的圣诞夜晚,不是等待烟囱降下的红色惊喜,而是打开门窗张开天使的翅膀,飞向慈爱天空,孩子的未来必定会是美好圆满的快乐天堂。

母亲的心

连动物都知道回馈父母，反观人类，兄弟姐妹为了争夺财产，伤透父母心，岂不可悲可悔！

有个年轻人与女朋友的感情，如胶似漆。青年就向女方提出："我们结婚，你嫁给我，做我的妻子吧！""你要娶我，你以什么聘礼来给我呢？""只要我有的，你要什么我都给你。"女方知道他是个有名的孝子，对母亲百依百顺，她想知道在他的心目中，自己和他的母亲谁比较重要？于是故意试探："我什么都不要，我只要你母亲的心，能把你母亲的心拿给我，我就嫁给你。"年轻人为此感到万分为难，想不出有什么办法可以拿到母亲的心？为此，女方就不再和他往来了。

但是他朝思暮想，想念女孩美丽的情影和柔美的情意，他实在无法忘怀。最后他狠起心来，趁妈妈不注意的时候，把她的胸膛掰开，捧着母亲的心，双手擅抖着捧去献给女孩。由于心情紧张，脚步踉跄，摔了一跤，手上捧的心翻滚了几下，他急忙要捡起时，这颗心忽然发出声音："孩子，刚刚跌的一跤，跌痛了没？"

慈母受到儿女割心伤害，孩子跌倒仍是充满关怀，深怕他跌跤受伤。佛陀深明"假使有人左肩担父，右肩担母，研皮至骨，穿骨至髓，遶须弥山，经百千劫，血流没踝，犹不能报父母深恩"。天下最大的恩人就是母亲，怀胎十月的生育之苦，年幼时费心的抚育教养，寸草儿女心也难回报慈母之恩，而礼拜枯骨，敬之叩之，望世人担起父母教养的昊天恩德。

"羔羊跪乳"、"乌鸦反哺"，连动物都知道回馈父母，反观人类，兄弟姐妹为了争夺财产，伤透父母心，岂不可悲可悔！

青蛇托梦

古人有怜蛾不点灯,为鼠留余饭,慈悲爱物,必有善美的感召。

有个姓方的人家,非常乐善好施,是村里人人交相称赞的大慈善家,尤其方家的老太太更是大慈大悲,不但照顾贫困老病,而且叮咛厨房工作的男女老幼,不可以把热的水、热的汤,倒弃在水沟里,伤害无辜的生灵。

有一年,方家的大儿子到远方去经商,返乡时带一个男长工回来帮忙。晚上方老太太忽然做了一个很奇妙的梦,梦见一个人跟她讲话。他向方老太太说:

"我是你的邻居,我住在你家后面不远的洞穴里,我是条青蛇,过去常常为了防备人家倒的热水、热汤,不断地搬家迁移,苦不堪言,自从我们搬到你家来以后,你好慈悲,从来没有用热汤热水来伤害我们,我们一住几十年了。为了感谢你的恩德我要告诉你,你的儿子带回来的那个人是个江洋大盗，会对你们不利，不过五天后他的父亲会来，你记得给他们一点银子，就没有事了。"

方老太太从梦中惊醒，原来是一场梦。她半信半疑地观察新的长工，人温和谦虚，也看不出什么破绽。正当方老太太放下心里的疑虑，也就是五天后，那个人的父亲真的来了，她只得相信梦中人的话。于是，她编织一个理由，再给他们些许银子，快快地把他们打发走了。

过了几天，邻县发生了一件抢劫案，就是这对父子所犯的……

"积善之家，必有余庆"，方老太太的爱护生灵，感得青蛇托梦，令全家逃过劫盗的灾害，这不是乡愿的民间故事，而是现世的因果感应。春天你不掘地播种、灌溉照顾，即使你念了千万遍的神秘咒语，花树依然不萌芽不结果，宇宙人生不变的因果的教育，才让我们懂得自己创造自己的未来，明白自己才是命运真正的主宰。

山林水边，凡在地下爬的，水里游的，天上飞的，人类尽其所能地用各种杀害的伎俩，什么现杀的山羊、什么活鱼活虾五十三吃等，只为满足三寸的口舌之欲，而任动物肢体破碎，悲切哀鸣。我们的孩子从小生长在不爱惜生命的环境里，学习凌迟小鱼、小虾为乐，视蝉、金龟的生命为玩具。一个在爱与尊重中长大的孩子，他学会的是体贴与怜恤；一个在冷酷与杀戮中成长的孩子，他学会的是加倍的冷酷与杀戮。

古人有怜蛾不点灯，为鼠留余饭，慈悲爱物，必有善美的感召。

老奶奶的由来

给人方便欢乐,也丰富了自己生命的内涵。

母亲过世的时候,我写了一篇追悼的文章,并于《讲义》杂志发表,题目就叫做《母亲,大家的老奶奶》。

有些人不明白,为什么称呼"大家的老奶奶"? 是因为母亲九十五岁高龄,还是因为我的徒众称她为"老奶奶"呢? "大家的老奶奶"是有一个来由的。

早年,在大陆时,我家生活清苦,也没有自来水可以饮用。一般市井小民连喝水都艰难,我俗家旁边刚好是一所小学,学生也都没水可喝。母亲那时已是七八十岁的老人家了,疼惜孩子没水可以饮用,便独自走到很远的地方挑水回来煮,再弄个凳子摆到门口,将烧滚的开水一碗一碗地放好。一待放学,许多小学生欢欢喜喜跑来喝水,看到母亲就喊:"老奶奶好! 老奶奶好!"

"老奶奶"之名,从那时候起就漫地漫天地称呼起来。后来到了这边，甚至到美国，大家也都称呼她"老奶奶"。

徒众希望在佛光大学里建一栋"老奶奶纪念馆"，他们认为，"老奶奶"就是一种慈悲的代表，"老奶奶"也代表有智慧、精明能干，以"老奶奶"之名，可作为现代青少年学习、效法的精神模范。

生活中，能处处为人着想，拥有关爱的心怀，就像我的母亲，"大家的老奶奶"，不仅温暖人间，给人方便欢乐，也丰富了自己生命的内涵，获得他人一种敬爱。

为人设想

只想到自己的需要、自己的理念，也是一种执着。

在我九十五岁的老母亲刚往生时，我的徒弟、兄弟和一些侄儿晚辈们，常常准备极为丰盛的供菜祭拜。有一天，我问弟弟和侄儿们：

"母亲在世的时候，最喜欢吃什么？"

"她最喜欢吃稀饭和豆腐乳！"

"为什么你们现在不给她稀饭和豆腐乳呢？每天弄这么多的饭菜，我和她相处多少年，从没看过她吃那么多。"

大家一听，才明白准备供菜都必须"为人设想"，往后他们就懂得准备她老人家最喜欢的一碗粥饭、一盘豆腐乳。

最丰厚的礼物，是能给人欢喜的礼物；而为他人设想，最能表达我们内心的诚意。真正爱护一个人，就要为对方设想,而非站在自己的立场,依凭自己的喜好。

过去寺院,到了傍晚关门窗时,必定等到燕子全数归巢,才放下窗帘,关起大门。在南京宝华山,寺里僧人每天也是留一点饭给老鼠吃,所谓"爱鼠常留饭,怜蛾不点灯"就是"为人设想"的精神。一个人不能为别人设想,只想到自己的需要、自己的理念,也是一种执着。

万千人间里,有着各种不同的信仰,不同的生活状态,深明此理,就不会强求别人符合自己的想法行事,为人设想,彼此保留一些转身退步的空间,才是上等的处世哲学。

金婚剩菜

爱是伟大的,牺牲也是伟大的。

别人吃过的剩菜,大部分人都不喜欢吃。也有人爱惜物力,惜福吃了;或者基于体谅别人的慈心,新鲜菜供人食用,剩菜自己吞下。

饭桌上,有一个家庭主妇,每次用餐都请丈夫先食用,丈夫体贴地说:"一起来吃。""你吃啦!你吃啦!""我吃了,你就只能吃这些剩菜啦!""我就是喜欢吃剩菜。"日子久了,丈夫真认为妻子喜欢吃"剩菜"。

对于儿女,她也是先唤小儿小女吃,儿女孝顺母亲,说:"妈妈一起来吃嘛!我们都吃完了,你吃什么?"她温柔地响应:"孩子们你们吃,妈妈喜欢吃剩菜。"慢慢地,孩子真以为母亲爱吃"剩菜"。

夫妻金婚纪念日,丈夫想要同时庆祝妻子七十岁生日。他左想右想如何给爱妻欢喜呢?儿女也在研究怎么样给妈妈一个惊喜呢？亲子三人正陷入苦思中，忽然女儿想到："妈妈最喜欢吃剩菜，那天我们就弄一桌丰盛的剩菜好了！"

金婚纪念日这天，三人准备一桌剩菜，丈夫特别盛了一大碗剩菜放在妻子前面，喜滋滋地说："太太，你最喜欢的剩菜，今天这个金婚纪念日，也是你的七十岁生日，我们请你好好吃一顿。"儿女也一同应和："妈妈，我们今天准备很丰盛的剩菜给你呢。"妈妈含着眼泪，感动地说："为了爱、为了别人，我喜欢吃剩菜，我就在这样的欢喜中，过了一生。"

爱是伟大的，牺牲也是伟大的，故事中"爱吃剩菜"的母亲，为了疼惜丈夫儿女，牺牲奉献，吃了一辈子的剩菜，却不曾觉得自己失去什么，反而获得让全家人紧紧拥抱一起的爱。

我们想要获得什么样的人生？是"剩菜"的美味人生，还是"新鲜菜"爽口人生？

给自己一颗慈悲的种子

老师者,并非学问多好,能力多强,而是一种敬称,一种心甘情愿、出自真心的尊敬。

有一年,佛光山举办世界佛学会考,承蒙各地善心人士发心协助,活动举办得相当成功,广受各界回响。这次的会考有一个特色,即是以漫画考试的方式进行。家住宜兰的李先生对这次会考贡献极大,他虽然只有小学毕业,没有读过什么书,但是他认为漫画佛学会考对儿童极具启发性,助印了几千本漫画题库,分送到各个学校,跟校长、老师宣导这次活动的好处与意义。

起初,一些学校的老师不清楚活动的意义,反应并不热烈,然而李先生不因此灰心,他拿着漫画的题库,在各学校的福利社、校门口,发给每一个小朋友,并且告诉他们:"小朋友你来考试,我就给你一本。"小朋友看到漫画书很好奇也很有兴趣,都抢着跟他要:"给我! 给我!"

就这样一传十，十传百，更多的小朋友都来找他要，一看到他便说："李老师给我一本、李老师给我一本……"最后，在他推广的地区竟然发出几万本的题库。

从此以后，这些小学生看到李先生都喊他："李老师好！""李老师早！"李老师长李老师短，喊得他欢喜之至。他总是喜滋滋对人说："我这一生，做梦也不会想到有人会叫我一声'李老师'。"

因为佛学会考的因缘，因为他一份热心与爱心，博得小学生的尊敬。一声"李老师"，是多少善美因缘的汇聚。

老师者，并非学问多好，能力多强，而是一种敬称，一种心甘情愿、出自真心的尊敬，所以《论语》有言："三人行，必有我师焉。择其善者而从之，其不善者而改之。"人人都可做别人的老师，只需时时慈眉善目视人，所行所为以他人利益为出发点。给人一份善美因缘，等同给予自己一颗慈悲种子，冬尽春来，心地一片慈悲花开。

那是我的父亲

让天下父母皆能颐养天年，无忧无恼。

二十多年前，有一个护专毕业的小姐，发心在佛光山出家。出家后也发挥自身所学，参与云水医院，送医疗到偏远地区，真可谓闻声救苦。有一天，她对我说："父亲有病在身，兄弟姐妹都已成家立业，没有人能够照顾，是否能让父亲住到佛光精舍疗养，由我就近照顾？"我也应她所愿，让她一尽做儿女的孝心。

时光飞快，二十多年过去，这位依程法师数十年如一日，亲自照料父亲的生活、疾病，大小便溺、饮食三餐、房间整理她无一不做。曾经，有人感动依程法师对父亲的孝心，自愿发心帮忙，她却说："他是我的爸爸，让我亲自来完成应尽的孝养吧！"

过去佛陀也曾为父亲净饭王担棺木，为母亲忉利天说法；目犍连地狱救母；明朝宝藏大师以扁担荷母四方参学等等,佛教是讲究孝道的,《睒子经》中佛有言:"使我疾成无上真正道者,皆由孝德也。"《佛说尸迦罗越六方礼经》:"子事父母,当有五事:一者当念治生;二者早起敕令奴婢于时作饭食;三者不增父母忧;四者当念父母恩;五者父母疾病当恐惧求医治之。"

莲池大师更将孝分为三种层次:一般的甘旨奉养父母,使父母免于饥寒,只是小孝;功成名就光宗耀祖,使父母光彩愉悦,是为中孝;引导父母趋向正信,远离烦恼恶道、了生脱死,使宗亲得度,永断三途辗转之苦,才是上上大孝。

中国人本是个非常重视伦理孝道的民族,然而,现代社会却有"久病床前无孝子",岂不可悲? 社会上,时有复古之风,我们是否也能将中国人传统的伦理观念"复古",让天下父母皆能颐养天年,无忧无恼。

豆瓣酱的故事

心，可以成就光明炯炯的道场，也可以是刀器兵杖、烽火漫漫的战场。

　　一位女施主仰慕某寺的住持，她听说此人很有道德、修行。有一天，她终于亲见到这位住持和尚，彼此相谈甚欢。然而，就在双方结束谈话后，住持却发现女施主忘记把一个瓦罐子带走，心想：真是糊涂！怎么把骨灰罐都留下来？于是赶快把他供在灵堂，摆上香花灯烛，并且诵经超度。

　　住持向人打听女施主的住址，准备写信告诉她此事。信里不好明说，只好婉转地表示，上回她来拜访时忘记带走一样东西，请她有空再来一趟。这个女施主收到住持的信函后，却四处制造谣言，说住持和尚假借名目要看她，一定有什么不良的企图。

　　闲话传到拥护住持的信徒耳中，他们跑来询问此事的来龙去脉。住持捧出女施主留下的瓦罐子,向信徒说:"喏!这是那天她忘记带回去的骨灰罐,我早晚为他上香诵经,她怎么说没有此事呢?"信徒为了了解事情的真相,打开瓦罐一看,里面装的是豆瓣酱。住持和尚哈哈大笑说:"奇哉!奇哉!我天天替他上香礼拜,原来拜的是豆瓣酱。"

美善光明的心,昼夜六时是诸宝行树,歌咏赞颂;怀疑昏暗的心,所行之处,沙砾荆棘,恶浊流布。住持拜的不是一罐豆瓣酱,而是内心真善美的宫殿,这个妇人心的卑陋,比一罐豆瓣酱都不如。

心造天衣曼妙,宝盖珠光,雨华纷落……心,可以成就光明炯炯的道场,也可以是刀器兵杖、烽火漫漫的战场。

人间菩萨

有慈悲心，有人情味，至情至义，便是人间菩萨。

有一位非常护持佛法的老婆婆，供养一位禅师参禅修道，一供养就是二十年。有一天，老婆婆想知道这个禅师的修行如何，就叫她长得非常漂亮的孙女送饭去给禅师，并吩咐孙女，当饭菜送到时，就一把抱住禅师，看禅师说了什么话，回去告诉她。

孙女到禅师的住处，依照祖母的吩咐，将饭菜放下后，便抱住禅师，那位禅师则一动也不动的，冷冷说道："枯木倚寒岩，三冬无暖气。"意思是说，像我这个修行者，像枯木死灰一样，在寒崖的地方，经过三冬，我的心好冷，人我之间的是非、美色、酒色财气等等，都影响不了我，我热不起来了。

孙女回来把这两句话告诉了祖母。

老婆婆一听，非常失望的说道："没想到我二十年来竟供养了一个自了汉!"一气之下就把禅师赶走,并烧掉了禅师修行的茅屋。

后来,禅师到处游方结缘。几年后,又回到老婆婆的住处,要求老婆婆能再护持他修行。三年后,老婆婆又叫她的孙女再去试探禅师,当孙女把饭菜放下,抱着禅师时,禅师也回抱着,并告诉她说:"这种事只有你知、我知,千万不可以给老婆婆知道!"

孙女回来把话告诉祖母,老婆婆一听,好高兴:"我终于供养一个人间的菩萨!"

老婆婆认为,过去禅师说的"枯木倚寒崖,三冬无暖气",是一个小乘罗汉;多年后,他具备人情味、懂得人间,所以觉得可以在人间弘扬佛法普渡众生了。

禅门什么叫做道? 有慈悲心,有人情味,至情至义,便是人间菩萨。

回归生命的本原

远观山有色，近听水无声。春去花犹在，人来鸟不惊。

过去，在一座深山的寺院里，住着十八位修行人。由于生活上的事务非常繁琐，于是大家决定推选一位做首领，来打理日常生活，护持其他十七人修道。

推选出的首领舍己为众服务，十年如一日。多年后，其他的十七人因他的护持而悟道，终于证得罗汉，大家满怀感恩地对首领说："多年来，你辛苦护持我们修道，现在让我们来护持你吧！"于是十七位罗汉日夜不懈地帮助首领修道，奇怪的是无论用什么方法，他始终无法开悟。后来十七位罗汉不得已，只好告诉首领说："首领！倘若你再不悟道的话，我们只好将你丢进大海里。"首领无奈地说："悟怎能造作，若真悟不了，即使将我丢进大海也无法开悟啊！"

后来这十七位罗汉在无计可施之下,只好搭乘小船,把首领押上船,划到大海中央,将他丢进海里,只见首领载浮载沉地挣扎着。正当危急之际,他忽然冒出头来说:"我悟了,我悟了。"

十七位罗汉赶紧把他救起来问:"说吧! 你悟到什么?"

"我悟到头发是黑的,牙齿是白的。"

"呀! 你果真悟了。"

"头发是黑的,牙齿是白的。"这是一句多么平常的话,然而由悟道者来看,却是如此真实与平实。道川禅师有言:"远观山有色,近听水无声。春去花犹在,人来鸟不惊。头头皆显露,物物体元平。如何言不会? 只为太分明。"真正的了然在于回归生命的本来,以平常心应对生活中的事事物物,待人本分、做事本分,一切行事如如实实、本本分分,不为假象迷惑而患得患失,不分高低贵贱而苦苦恼恼,凡事都能坦然、平常、不造作。

以爱治家

唯有爱才是凝聚家庭的力量。

天下父母对于子女的爱是无私的，只有付出，不求回报。然而，现代社会孝顺的风气愈来愈薄弱，反倒是父母对子女的关怀，仍然历久不变。现在社会上有很多的老父老母，不但年轻的时候抚养自己的儿女，及至年老，儿女成家立业了，还要代为照顾孙子，好让儿女安心上班赚钱；甚至现代年轻人主张"不立"，到了三十而立之年龄，仍然依赖父母，无法独立，无法走向社会。

话说有一位老人家，自从儿子娶了媳妇后，儿子只爱媳妇，不爱父母，双亲不得吃不得穿，也不予理会。但是老人家对孙子却疼爱有加，经常带着小孙子到处游玩。不过每当老祖父带着孙子出门时，经常老泪纵横地对着幼小的孙子喃喃自语，路旁的人见着，就会问他："老人家，您究竟遇到什么事情？"

老祖父说:"哎!实在是家丑不可外扬啊!"

"发生什么事情?说给我们听听。"

老祖父被一再追问下,说道:"我的儿子、媳妇并不孝养我们老人家,是我偷偷把小孙子带出来走一走的。趁我现在还能说话的时候,我要把心里的感想告诉各位,让世间上的人能够有所警惕!"接着就说了一首偈语:"记得当初我养儿,我儿今又养孙儿。我儿饿我由他饿,莫教孙儿饿我儿。"这是一个老父疼惜子孙却有苦难言的心声。

为人父母对子女的爱护,至死方休,实在是天下父母心。中国文化首重伦理,尤其强调家庭伦理,"父慈子孝"被视为天伦之乐。因此,家庭里上下相敬很重要,唯有爱才是凝聚家庭的力量,希望大家都能以爱治家,以爱待人。

代替佛陀感谢

感恩的人生才懂得付出，在付出当中广结善缘，在结缘当中活出生命的善美与富贵。

"三湘才子"张剑芬居士，曾经荣膺高等考试榜首，十九岁就当上县长。来到台湾后，担任台湾银行襄理，工于书法，诗词艺文绝佳，经常应邀为佛教撰序作诗，拟写碑铭对联，如佛光山大雄宝殿前的对联："兜率娑婆去来不动金刚座；琉璃安养左右同尊大法王。"以及各寺功德堂前的对联："永念亲恩，今日有缘今日度；本无地狱，此心能造此心消。"都是出自他的手笔。他也曾为悟一法师做一副颇具禅意的对联："迷即众生悟即佛；二不成双一不单。"

他替佛教做了许多事，却在年迈多病的时候，少有人前往慰问照顾，我知道以后便前去探望他，同时也在佛光山的佛光精舍中，提供一间静房让他安养。

甚至后来他得了肾毒,要经常洗肾,我也心甘情愿节衣缩食,将省下来的钱为张居士付费洗肾,许多人奇怪我与他有何深切的因缘,竟然对他如此照顾。我以为,每一个人应该存有"滴水之恩,涌泉以报"的观念,况且对佛门有诸多贡献的缁素大德,我更乐意尽己所能,代替佛陀来感谢他们,尤其像张居士能以文字般若弘法利生,在当年非常难得,我们更有责任为他养老送终。

在待人处事的学问中,"感恩"的观念是不可少的,因为感恩的人生才懂得付出,在付出当中广结善缘,在结缘当中活出生命的善美与富贵。

半碗咸菜

对于一切的辛苦与磨难,我都能甘之如饴。

我一生于佛教安身立命,有件事令我受惠颇深。

十二岁跟随志开上人出家,师父对我的管教非常严格。当时,他不仅是栖霞山寺的方丈,同时担任栖霞律学院院长,我虽是师父唯一的入室弟子,但平日会面、讲话的机会甚少,不仅对他感觉有距离,更是敬畏十分。

十七八岁那年秋天我得了疟疾,寒热交迫,痛苦万分。虽然如此,我仍然按照丛林的规矩,每日随众做早晚课,从不缺席。如此折腾了半个多月,已是重病垂危,奄奄一息。不知怎的,我得病的事辗转被师父知道,他老远地派遣侍者送来了半碗咸菜。在物质缺乏的时代,尤其对于当时寅吃卯粮的我们,半碗咸菜确是弥足珍贵的。

我怀着感恩的心情吃下这半碗咸菜,想到师恩浩荡,感动得涕泪纵横。于是当下立誓:"慈悲的师父,弟子有幸跟随您出家,我将来一定努力弘扬佛法、普度众生,决不辜负你收我做徒弟的慈悲!"

未来弘扬佛法的路上,对于一切的辛苦与磨难,我都能甘之如饴,不灰心、不退志,这半碗咸菜给我的力量,是我一生都用不完的。

回来就好

不管过去如何，只要有心，希望在未来。

对于儿女离家出走，父母虽然挂念、担忧，但孩子回家了，就不需再追问和责怪。有些员工或学生，不请假外出一段时间，一旦回来了，就不必斥责和追究，因为回来就好。

有些年轻人，在家庭、社会上遇到挫折、失意等生活的瓶颈时，或是对于人生有疑惑时，往往会到佛门来。是什么原因呢？因为他心中需要，也是性格使然。他们心中有理想、有作为，他们不喜欢金钱，宁可安贫乐道，他们不愿追求男欢女爱，觉得朝九晚五的生活，如同在出卖青春生命。因此祈望寻求不同的生命领域与层次，想要的是心中的解脱、安乐，要求真理，要求超越，因而投身佛教。

曾经，有一位学士到佛光山就读佛学院，由于佛学院的学制中有依学历、年龄,安排不同的学习层次。这位同学很谦虚,虽是大学毕业,仍选择以高中程度开始学习。然而同学间层次不同,他无法适应这样的学习环境。读书本来是件快乐的事,却因不习惯,读书成为一件苦差事;信仰本来很快乐,作息无法跟进,信仰也成了负担。于是,他决定再换一个地方学习。

一次偶然与他谈起,才知道他曾经读过佛学院,到外头工作一阵子后,又再回到佛光山服务。

我问:"什么原因让你再回到佛光山工作呢?"

他说:"虽然读书时觉得不习惯,但我还是很喜欢佛光山,舍不得离开啊!"

见他如此,我也欢喜对他说:"回来就好。回来有很多路可以走,不一定是读书,也可以从事教育、慈善、文化等佛教事业……"

佛教有一句话说"回头是岸"。不管过去如何,只要有心,希望在未来;只要有心,回来就好!

失而复得的汽车

人生在世，让我们觉得活得有意义的，大多是人与人之间的真心相待。

慧龙法师生性慈悲，乐于助人，多年前他被奉派到宜兰雷音寺做住持。一次，寺里扩大举行弥陀佛七，很多信徒特地从各地赶来参加。七天的法会结束后，他在门外送信徒离开，待人潮散尽，忽见门口多了一部汽车，却苦等不到车主，几天下来，还是不见任何人来将汽车开走。因为担心汽车每天日晒夜露，便时时发动热车、清洁整理，等待车主领回。

韶光荏苒，四年过去了。有一天，雷音寺来往上香祈福的信徒络绎不绝，其中，有位张得胜先生从台北到雷音寺礼佛，惊见门口停着一辆与自己的颇为相似的车子，仔细端详才发现是自己的车，喜悦之心溢于言表。这才想起，四年前来雷音寺礼佛，因为与朋友谈话，随即坐上朋友的车回台北,却忘记自己的车停在寺里,一直以为再也找不回来了。

张先生趋前将车子发动,发觉这车竟然保持得干净如新,一问下才知道是慧龙法师替他整理、保管。为表示感谢,便买了一部丰田车送给慧龙法师,自己将旧车开回台北。

人生在世,让我们觉得活得有意义的,大多是人与人之间的真心相待。《无量寿经》提到:"以不请之法施诸黎庶,如纯孝之子爱敬父母,于诸众生视若自己。"一个人能够做到慈悲予众、欢喜为人,视众生如自己,没有分别计较,自然与大众没有距离,生活起来也能充实愉快。慧龙法师后来任云水医院的主管,做慈悲基金会的总干事,无不秉持慈悲的精神做事对人,直至今日,他始终不为无车可坐而苦恼,这正是他过去种下的好因,所得的善缘。

或许论智慧、讲学问,总有不及他人之处,但是讲到慈悲待人,却人人能做,只要我们愿意发心。

拥有一份念旧的心

朋友是老的好，人情道义也是老的好，因为念旧让
人知感恩。

一九六五年，我在高雄寿山寺开办寿山佛学院，常
常需要接送老师、运送货物、讲经说法，每次叫车费用都
很贵，于是决定买一辆车子代步，以便四处弘法。

当时的台湾民智未开，对出家人尤其抱有偏见，出
家人即使骑单车、戴手表、用钢笔，都会受到批评议论，
因此当我提出这个意见时，一些徒众纷纷质疑、反对，但
我想到是为了弘扬佛法的需要，还是力排众议。

第二天亲自走访车店，发现"载卡多"虽然比轿车贵
一些，却能载更多的人，于是买了一辆九人乘坐的"载卡
多"，并且请车厂改装成二十六个座位，好让学生、徒众
都能和我一样出外参访。经过改装的新车回来了，由于
车厢又高又大，轮胎显得很小，所以行车时总是颠簸摇

晃，几年来的环岛布教，有好几次连人带车冲入水沟，翻到路边，承蒙佛菩萨保佑，每次都是有惊无险。尽管如此，我们不但不害怕，反而使得师徒之间的感情更为融洽。

十多年以后，车子功成身退，许多厂商说尽好话，欲出价收购，一向随喜随缘的我却坚持不愿卖出，我告诉弟子："这辆车子随着我南征北讨，跟你们一样，走遍全台湾大街小巷，立下汗马功劳，现在退休了，我要为它'养老'。"

俗话说："金角落，银角落，还不如我的穷角落。"因为在这个穷角落里，一部用了十多年的老车子，曾经有大家一起奋斗的历史，共同流过的血汗，装载着无数的风雨、欢笑，它虽是穷角落，却比金钱更可贵；它虽已是破铜烂铁，我却视之如宝贝。想到它加入我们弘法的行列，带给大家多少的方便，就像是"自家人"，因此我要为它"养老"。

常有人说，朋友是老的好，人情道义也是老的好，因为念旧让人知感恩，让社会有秩序，甚至一个民族的文化，也能因为一份"念旧"的心而更有深度，更充实丰富。

儿女的幸福

只要自觉心安，东西南北都好。

过去的社会，思想观念比较封闭、守旧，致使有些青年男女为了争取婚姻的自由，反抗"父母之命"、"媒妁之言"的旧式婚姻，而离家出走或殉情。渐渐的社会开明，婚姻的观念较为进步，又出现了为了信仰而抗争的问题。

佛教对青年出家是有规范的。青年男女出家前，必须住在寺院两年以上，一方面为使在家青年习惯寺院的生活，同时让寺方在这段期间进行观察、审核。当然，出家能获得父母亲的同意是最好的。

曾经，有一个三十六岁的女子，有意出家，但父亲反对的态度相当坚决。父亲说："你还是回来赚钱吧，你才三十六岁，还可以帮家里继续赚钱。"她从二十岁开始为家里赚钱，一直到三十六岁，整整为家奉献了十六年，现在想追求自己的幸福，为什么不尊重她的选择呢？

父母不顾儿女的幸福，儿女无视父母的意见，都是不尽人情的。儿女不是父母的摇钱树，儿女的一生不是只为替父母赚钱，还有自己的人生要走。每个人都有他生存的尊严，每个人都有他生存的价值，属于他的幸福与光彩，父母不应强制干涉子女的未来，应该协助子女规划，尊重子女的选择。记得我的母亲曾经对我说："我没有力量培养你，你要出家，我不忍心反对，我让你自己来。"母亲的一番话让我感觉到，这世间自由的可贵。

　　出家好？出嫁好？慈航法师有句名言："只要自觉心安，东西南北都好。"为人父母者，为人子女者，应该相互尊重，彼此体谅，才是真正的幸福，也是最好的选择。

和爱岛

有了和，还要有爱，才能过一个有情有义的人间生活。

佛光山不二门前有一个放生池，池子的中间有一座小岛，小岛上供奉了一尊观世音菩萨，也立了一块碑，碑上写了"和爱岛"三个字，有和平慈爱的意思。

观音放生池是纪念高雄一位老太太，人称"爱姑"的优婆夷微和。她不但生前热心赞助放生池的工程，临终时将全部遗产三万元悉数捐出，作为兴建放生池之用。为了感谢她，就将放生地里小岛取名"和爱岛"，作为纪念。

"和爱"二字很有意思。但是我常常想，大家来到放生池，只看到池里的鱼，甚至看到观音菩萨圣像，却没有看到"和爱"，不能把"和爱"烙印在心坎里，实在是很遗憾。

慈悲力无穷

所谓"以和为贵",一个家庭能和,则子孙万事顺遂;一个社会能和,则生活美好富足;一个公司能和,则事业一帆风顺;整个世界能和,则人民安居乐业。

　　有了和,还要有爱,才能过一个有情有义的人间生活。但是"爱",要爱得合法、爱得得体。爱有染污的、有清净的,所以,佛教主张要用智能来领导感情,用慈悲来升华感情,让爱不自私、不占有、不盲目,将爱扩及人群里,成为服务奉献的发心。

　　《法句经》说:"一切为天下,建立大慈意,修仁安众生,是为最吉祥。""和爱"是慈悲的表现,心心念念都是先为别人着想,行事以人我融洽和谐为考量。它能带给人间无限的暖意,带给人类无限的启发,希望大家都可以成为和爱之人,共同拥抱生命的和平慈爱。

爱的奉献

人情淡薄的现代社会，衍生出很多人的防卫心理，冷淡的表情，还有冷眼旁观的心态与行为。然而，人事的和谐却是生存于世一个重要的因素，以佛教的立场来说，人与人之间互有因缘关系，唯有良性的互动，才能共创和谐的人生和社会。

有一个故事值得大家借鉴：有一户人家，家里失火，屋顶上冒着浓浓的黑烟，一个年仅两三岁的小女孩吓得在窗边哭喊。邻居张太太，平时从不跟人打交道，却在火势凶猛的时候，奋不顾身地冲进屋里抢救小女孩。她救了小女孩一命，也造成自己全身严重灼伤，甚至跌断了腿。

大火让这户人家全都命丧火海，只留下了小女孩一个人，人人不胜唏嘘，却也冷然以待。张太太看到这种

158　　慈悲力无穷

情况,不忍小女孩的遭遇,决定收养她,更是爱之如命,细心呵护。

张太太的行为引起邻居的议论:"奇怪!过去张太太从来不和我们往来,感觉上是个冷淡无情的女人,想不到她不但救人,还全力照顾别人的孩子,实在是伟大啊!"

张太太耳闻邻居们的议论,就说:"这是理所当然的事啊!是我自己不慎灼伤、跌断腿,经过这么艰难困苦获得的女孩,我怎么能不好好爱护她呢?"

有些人的爱建立在贪心贪念上,因为贪而爱着不舍;有些人的爱则由付出奉献而来,因为付出而更珍惜彼此的爱。以爱为基础,才能人我一如,相互帮助、关怀。佛教讲"无缘大慈,同体大悲",孟子也说:"老吾老以及人之老,幼吾幼以及人之幼。"让爱扩大,由个人的私爱,扩大到爱人、爱社会、爱国家、爱世界、爱人间……一旦爱升华,我们的生命也能因之灿烂如霞。

长寿的沙弥

*是富是贫，是长寿是短命，但看我们的心念善恶与
行为造作。*

　　社会上常有人对自己的前途迷茫，对命运没有把
握，而求助看相算命。其实命运操之在我，一念善心，能
消除罪业；一念慈悲，能增加功德，只要积极行善就能改
变我们的命运、前途，《杂宝藏经》有一则"沙弥救蚁子"
的故事，即在阐明这个道理。

　　有一个小沙弥从小离开父母跟随师父出家学道。
沙弥的师父是一位证道的阿罗汉，当他知道十二岁大的
徒弟只剩下七天的寿命，又不忍当面说破，于是就告诉
他："小沙弥！你好久不曾回去探望父母，现在给你一星
期的假期，回去和父母相聚。"

　　不明就里的小沙弥，听师父这么说，随即开心地背
起衣单回去了。一星期后，师父想到年纪轻轻的徒弟就

此离开了人间，心头不由得一片黯然，正在为徒弟默默祝祷时，小沙弥竟活蹦乱跳地从外面回来了，气色红润，健康得很。

师父十分纳闷，问他："你的父母都好吗？"

"父母过得很好，我回去一直陪侍在他们身边。"

师父怎么也想不通，经过一再追问下，终于明白整个事情的真相。原来小沙弥在回家途中，在池塘边看到一群蚂蚁困在水中，就快被淹死了，小沙弥赶紧脱下袈裟，盛土堰水，耐心地把蚂蚁一一救到高燥处，使蚂蚁得以存活。

由于这一念慈悲，小沙弥不但救活了无数的众生，也改变了自己的命运。因此命运是可以自己改变的，《因果十来偈》说："长寿从慈悲中来，短命从杀生中来。"命运并非定型的，而是随着我们的行为不断在改变，是富是贫，是长寿是短命，但看我们的心念善恶与行为造作。

有些人以把玩昆虫为乐，殊不知如此的行径不但糟蹋小生命，也糟蹋自己未来的宝贵生命。我们往往轻忽一个行为，甚至一个念头的力量，然而一个人的人格品性、价值观，乃至未来生命的发展，就在这些小小的心念、行为当中渐渐形成，怎好不多加注意呢？

误教的恶果

过分溺爱，容易养成子女骄慢放纵的习性，分不清是非善恶的能力。

过去有个年轻人手脚不干净，犯了抢劫的罪行，终于自食恶果落入法网，被判处死刑。在执行前法官问他："你还有什么遗言吗?"年轻人说："我希望能见到我母亲最后一面。"法官心想，这是人之常情，因此应允年轻人的要求。执行前，年轻人的母亲匆匆赶来，看到将被执行死刑的儿子，不禁悲从心中来，内心早已肝肠寸断。

年轻人对泪流满面的母亲说："母亲! 在临死前，我想请求您一件事。"

"无论你有什么愿望，我都答应!"母亲慈爱地回答。

"我从小由您哺乳长大，孩儿希望临死之前能够再吸一口您的奶。"年轻人恳求着。

见到儿子如是期盼，母亲不假思索地立时将衣掀起让儿子吸吮。儿子吸着吸着，竟使力地将母亲的奶头咬断，并大声说："我今天之所以落此下场，都是母亲您造成的。想当初我读小学时，愚昧无知偷了同学的铅笔、纸张，您不但不阻止，还称赞我能干；在路上摘一朵花、采一个水果回家，您又说我很有用；后来，常常为得到您的赞美，就顺手牵羊把别人的东西拿回家，您却帮我隐藏。今天之所以遭到处刑的下场，全怪您没有好好教导我是非观念。"

《颜氏家训·教子篇》有道："教妇初来，教儿婴孩。"从小的教养是孩子人格发展的开端；父母教育子女不能只是提供肥马轻裘的物质生活，思想的润泽更是要紧。

"慈母有败子"，过分溺爱，容易养成子女骄慢放纵的习性，分不清是非善恶的能力，反而误了子女一生。所以，身为父母要能懂得"君子爱人以德"，以有智能的慈悲、道德观念教导子女，最重要的是父母以身作则的教示，才是正确的教养之道。

缺嘴小鸡

殊不知今日小小的恶行，往往是日后犯罪的因子。

小时候，我很欢喜小动物，对它们更是特别爱护。

有一次，我用家人给我的压岁钱买了两只刚孵化的小鸡，一只黑一只白，甚是可爱。哪里知道，其中一只小鸡到处乱跑，遇到下雨天，羽毛都被淋湿了。当时自己年纪小，不懂事，心想灶里的灰烬还有些热度，想借着热气把它的羽毛烘干，于是设法把小鸡引到灶前，没想到小鸡因为惊慌过度而误入灶中。我也不管火会不会烫伤手，即刻把它从火堆里面抢救出来。

被救出的小鸡，全身羽毛被烧光，脚爪被烧焦，只留下上喙。我每天耐心地用杯子装满谷类，一口一口喂食，并且经常以爱语安慰它。一年多后，这只小鸡慢慢长大，虽然体重不足，羽毛长得也不完全，但是竟然也能下蛋。亲友们都感到不可思议，纷纷问我如何养活它。

当时虽然年纪小,但是经历这样一件事情,对我一生的影响却是深远的。我不仅不伤害动物,而且爱护它们、保护它们,处处为它们设想。然而,看到许多小孩不懂得爱护生命,随意玩弄小鱼、小虾、小鸟,直至惨死方肯罢休,实在教人心寒,殊不知今日小小的恶行,往往是日后犯罪的因子,或杀或抢,无恶不作,哪里还会爱家人、爱社会、爱国家呢?

在《佛说菩萨睒子经》中提到,睒子菩萨"履地常恐地痛",菩萨在行进间亦唯恐踩伤众生,这样的慈悲心值得现代人思省,对于小动物也好,对待他人,对待时光,对待事事物物,乃至对待自己的生命也好,能否主动付出一点体谅和关爱,让彼此都能够活得喜悦,活得有意义?

救媳妇

倘若心怀成见，就将错失一段良缘。

台北有一位医生，受邀到英国伦敦参加一个医学会议，他买好了机票，要先到香港转机，航空公司都给他排好了机位，结果时间到了却没有去搭飞机，在桃园机场等着送行的朋友觉得奇怪，打电话也查不到人，为什么呢？

原来他在赴飞机场的路上遇到一起车祸，一位少女受伤流血不止，情况危急，他善心一动，也顾不得赶飞机了，立刻下车对那位少女施救，又亲自把少女送到医院做缝合手术，这一耽搁，飞机当然赶不上了，只好重新安排，等他抵达伦敦的时候，那个医学会议已经进行了一半。

开完会，他垂头丧气地回到台湾，他儿子却带着那个少女在飞机场接他，跟他说："爸爸，谢谢您挽救了我们的婚姻。"

　　原来那个少女就是他儿子的女朋友,他儿子追求了一年多,女方父亲一直不同意,说什么都不准女儿嫁给医生的儿子,因为女儿的妈妈是被一个庸医医死的,所以恨透了医生。想不到女儿出了车祸,生死一瞬间,却又被医生救活过来,侥幸没有成为残废,而这个医生恩人,偏偏又是女儿男友的父亲,这一来,他就不好意思反对下去,终于成全了这一对小儿女的婚姻。这位医生知道这一番前因后果以后,不觉叹息:"我当初只想到要把那个受伤的少女救活,没想到反而救了自己的媳妇,真是老天有眼!"

　　倘若心怀成见,就将错失一段良缘。世间的因缘很美妙,一旦放下成见,时时心怀慈悲,热心助人,让温馨飘香人间,原来未成的姻缘,便能开花结果,让有情人终成眷属。

普同供养

我当普为一切众生备受众苦。

佛光山自开山以来,曾经举办过多次大专佛学夏令营,大概属一九七〇年的那一期最叫我难忘。

活动前夕,学员三百人都已经报到了,晚上抽水马达却临时故障,我指示当家师傅找人修理,一直到深夜近一点仍未修好,工人说:"我回去凤山找一个零件再来。"我即请当家师傅陪他去。等他们回来,当家师傅说:"刚才工人只是想借故回去睡觉。"

我继续看着他们将马达修理好,开始打水。我不放心,穿过东山一片荒草竹林,走到水塔边,用耳朵贴着水塔,终于听到流水的声音。为了确定起见,我沿着水塔笔直地往上攀爬到顶端,伸手去摸,证明确实是水,才放下心中的石头。

在等待修理时,心里一直在想:假使没有水来,我愿意将全身血液化成清水，从指间毛孔流出来，普同供养所有学员，好让他们能够漱洗饮用。当我从水塔回到地面时，大悲殿响起阵阵板声，遥望天边的晨曦为大地带来光明，就像是清净的流水为人们解除渴旱，消除热恼。

《华严经》中菩萨发愿："我当普为一切众生备受众苦，令其得出无量生死众苦大壑。我当于彼地狱畜牲阎罗王等险难之处，以身为质，救赎一切恶道众生，令得解脱。"菩萨不忍众生苦的慈心悲愿，是我们应当学习效法的。

在人间生活，对于触目所及、周遭所遇都能主动给予关爱、提供协助、给人因缘，我们的社会就能减少暴力、诈欺、自杀等问题的发生，呈现人间净土、和谐社会的景况。人人过得平安无恐惧、安乐无忧患，不是很好吗？

无缘的慈悲

真正的慈悲,是没有界限,也无分别的。

慈悲行,有所谓有缘的慈悲与无缘的慈悲。有缘的慈悲就是对父母、儿女、亲戚、朋友、同学等,彼此有因缘,有过交流者,当遇到困难时,慈悲予以帮助;对不相识,没有亲戚关系,甚至身份、国家、种族不同者,在受苦受难时,我们生起慈悲心,给予协助,便是无缘的慈悲。有缘的慈悲容易做到,无缘的慈悲难以实践,拥有一颗无私的爱心,平等施予欢喜、施予关怀,不计较得失利害,就能无缘大慈、同体大悲了。

谢慈范小姐是名门闺秀,气质典雅,自幼家境富裕,毕业于杭州艺术学院音乐系。父母亲都是佛教徒,一心一意希望她能学佛出家,无奈男友却不答应,甚至对佛教产生反感、排斥,最后终究是信仰的力量不及爱情的魔力,谢小姐决定与男友共组家庭,脱离佛教。结婚以后,这位张先生不准太太亲近佛教,甚至信仰自由、个人尊重,都被他忽视。几十年的时光,谢小姐未曾与家人见面,但心里总惦记着父母及亲友,只能偶尔听到他们一些平安的消息。

多年后,慈范的丈夫在一次车祸中受了重伤,无法赚钱养家,儿女虽已长大成人,却不知尽孝道,弃父母生活于不顾,家庭经济因此陷入困境。我知道以后,通过张慈莲赠款予以协助。几年以后,听说他因重病再度进入医院,在加护病房中急救,我也代付医疗费用,帮助他们度过难关。张先生往生后,我更为他料理丧葬事宜,并且将他的灵骨安厝在佛光山万寿堂,终日与接引大佛常相左右,希望他生前虽然与佛教无缘,死后还是能得到佛光的普照。

佛门广大,有缘无缘皆欢喜引渡,不舍一人。真正的慈悲,是没有界限,也无分别的。行慈悲也并非难以做到,给别人一点因缘,对怨亲多一丝宽容,在点滴慈心悲念中,我们的慈悲心已逐步萌芽,假以时日,自能花茂果累,德被十方。

开刀前的叮咛

人的一生对自己不要挂念太多,应该挂念大众的利益。

记得一九九五年四月,我因心肌梗塞在荣民总医院接受心脏手术,医生事先嘱咐我:"这是一个长达八小时以上的大手术。"我听了心中竟无一点挂念,反倒是一早在手术房前等候的徒众,个个忧心忡忡,面有愁容。我不忍他们在外头长时间等候的辛苦,催促他们赶快回去,并安慰:"你们放心,不要挂念,开刀就如同赴考场应考,我会凯旋的。"

快进手术房时,突然想起一件事:"你们的早饭怎么办?"他们纷纷要我不用挂念。手术后,从恢复室出来,这些徒众来探望我,表示对于我挂念他们早餐的事都很感动,然而我却不觉得有何特别的。

我认为,人的一生对自己不要挂念太多,应该挂念大众的利益；多关怀别人、关怀社会，少执着自己。

人性大多是自私的，以自己为中心，为自己着想，觉得自己的所有、利益，比别人的重要。倘若每个人都能转化这种自私的观念，凡事都能"大众第一，自己第二"，"社会第一，自己第二"，"国家第一，自己第二"，甚至"朋友第一，自己第二"，让自己退居第二，成就别人，自能人我欢喜，自他获益。

《大丈夫论》有一句说得真切："一切善法，皆以慈悲为本。"诚如我的拙著《老二哲学》阐明的，人不一定要做老大，做老二更是美妙无比。凡事你大我小，你对我错，你好我坏，不念念计较，事事比较；所言多一分关怀、护念、祝福，所行都是体谅、谦让、包容。以慈悲心为出发地对待他人，才能让人心旷舒畅，才能让人我之间没有距离，坦诚相待，结交到更多的朋友。

慈悲心

培养"无缘大慈,同体大悲"的为众精神,也就是尊重生命、共存共荣。

笃信佛教的郑先生,为人乐善好施,平日公余之暇,都会到别人家里收剩饭剩菜,再带回家放进厨余桶。蓄积到一定的量,便将这些剩饭剩菜,用小卡车运出去。如此日复一日,风雨无阻。一段时间后,隔壁邻居对他的行径生起疑惑:"他把这许多剩饭剩菜载到哪里去?""会不会造成环境污染?""会不会有毒,伤害到其他生命?"种种疑团如蔓草滋长。邻居为一探究竟,于是趁他用小卡车运载剩饭剩菜时,悄然尾随在后。

郑先生把小卡车行驶到郊外一个铁丝网围着的地方,同一时间,邻居们也偷偷跟随而至。大家争相探头观望,赫然发现里头有上百只流浪狗,嗷嗷待哺。只见他细心喂食,生怕有哪只给遗漏掉,给饿着了。

原来郑先生生怕这些野狗为人宰杀，因而收养它们。然而，自己没有优渥的经济能力可以喂食流浪狗，才到处收集剩饭剩菜。明白事情原委后，邻居们心中的疑团霎时烟消云散，对于郑先生的善举，更是称赞有加。

郑先生不求名，不求赞美，不四处标榜地行善，是慈悲心的表现。"慈悲"是佛道的根本，佛陀教导弟子要培养"无缘大慈，同体大悲"的为众精神，也就是尊重生命、共存共荣，以一种无对待的心，利乐有情，不仅仅是对人，对待生物更是。《法华经》便说："以大慈悲力，度苦恼众生。"《增一阿含经》也提到："诸佛世尊，成大慈悲；以大悲力，弘益众生。"

对待世间万物，若抱持事不关己的心态，则无法自心中生起慈悲。唯有相互体谅，彼此包容，慈悲心才易滋长、萌芽，进而能以平等心对待一切众生。

感化的教育

慈悲的教化胜于一切。

有一位安养比丘尼,住在一座寺院,平时待人慈悲,因此赢得大家的恭敬。一天夜里,有个小偷潜进屋内盗窃,翻箱倒柜都找不到值钱的东西,只好将安养比丘尼仅有的棉被给偷走了。安养比丘尼在寝息间忽然觉得身体寒冷,醒来后才发现棉被不见了,只好以纸张盖在身上取暖。

小偷在匆忙逃走之际,不慎被一块大石头绊倒了,刚好被负责巡寮的弟子撞见,仓皇之间就将擒到手的棉被遗留在地上。弟子们拾到这床师父的棉被,赶紧送回师父的房间,只见安养比丘尼身上盖着纸张,缩着身子直打哆嗦,看到被送回的棉被说道:"哎呀!这条棉被不是被拿走了吗,怎么又送回来呢?既然是他拿去,就是他的东西,你们怎么可以拿回来,赶快拿去还给他吧!"

弟子们面面相觑,不知如何是好。但在师父百般催促下,不得已费了九牛二虎之力,才把逃遁无踪的小偷找到,表明师父的意思,坚持要把棉被还给他。小偷很感动,内心既惭愧又欢喜。于是小偷特地跑回寺院向安养比丘尼忏悔,并且皈依三宝,改邪归正,从此洗心革面不再当小偷了。

　　好的教育绝对不能以权威武力来压迫别人,因为权威只能服人之面,不能服人之心,唯有以慈悲的心情包容摄受,才能使别人由衷生起恭敬,心悦诚服地接受他的教导。晋迪禅师笑言:"不是为生气而种兰花。"良宽禅师轻声一句:"年纪大了,鞋带都系不动。"仙崖禅师一声慰问:"夜深露重,小心着凉。"禅师们以慈悲摄受弟子的教育方式与态度,都堪为教育的典范。

　　慈悲的教化胜于一切,它有如温暖的阳光,照亮每个人的心灵。

莲花合掌

莲花出污泥而不染，具有一种清净无染的本质。

一般人见面打招呼，不外乎点头敬礼、鞠躬握手、嘘寒问暖，以表示敬意和慰问之情。在国际佛光会成立之初，针对佛光会员彼此见面时的问候方式，大家开会决议以"莲花掌"相互为礼，相互祈福。自从"莲花掌"广为推行之后，不仅促进佛光会员之间的互动与情谊，也产生不少妙因善缘。

曾经有一位王正昌居士，从曼谷搭机回台湾时，钱包不小心被人偷去，虽然机票、护照都在，却没有钱可以缴机场税。不知所措的他在机场来回徘徊，思考该如何解决眼前的窘境。左思右想，终于让他想到一个办法：他站在机场入口，逢人便以"莲花掌"向人致意。不知道"莲花掌"意义的人，通常不会有任何响应，因此人来人往，时间一分一秒过去，他在人潮中等待了很久很久。

终于，有一个人趋前问道：

"你是不是佛光会会员？"

"是呀！"

"你在这里做什么？"

"我的钱被偷了，希望能找到一个佛光会员帮我的忙。"

"我就是佛光会员。来！我来帮你的忙。"

在这位佛光会员的协助下，让他得以顺利回到台湾，也因为这次的因缘，王居士更加热心地推动"莲花掌"。

莲花出污泥而不染，具有一种清净无染的本质。以"莲花掌"为礼，表示以一颗真心、清净心表达敬意，相互祈福，彼此沟通。"莲花掌"也让处于困境中的人找到援助；让孤单的人，找到可以信赖的朋友。

祈愿莲花馨香，芬芳人间，遍布法界！

谁是阿弥陀佛？

念佛便是念自心，念佛更要念出慈悲心。

有个庵主念佛二十年，一直盼望能够亲见阿弥陀佛，验证自己的修行。有一天晚上，终于梦见极乐世界的菩萨告诉他："你对阿弥陀佛的虔诚已胜过一般人，因此，阿弥陀佛托我转告你，明天他会亲自拜访你。"

醒来后，庵主更是恳切念佛，他端坐佛前，口中佛号不断，虔诚恭候阿弥陀佛圣驾的来临。等到日落西山时，阿弥陀佛始终没有出现。他开始怀疑，难道阿弥陀佛也会不守信用吗？

这天晚上，他又见到昨夜梦中的菩萨。正准备抱怨阿弥陀佛不讲信用时，菩萨开口说："你是怎么了？阿弥陀佛今天见了你三次，你都不肯见他！"

庵主又惊又疑的回答："我没听到阿弥陀佛驾到的通报啊！"

菩萨说:"你真是有眼如盲!阿弥陀佛第一次在早上出现,扮成乞丐,才走到门口,你就叫侍者赶走他。"

"到了中午,阿弥陀佛扮成一名女人来到大殿,你连正眼都不瞧她一眼,她跟侍者通报说要见你,侍者说你从不接见女人!"

"阿弥陀佛还是不死心。傍晚,他又扮成一条流浪狗,才一走近门口,就被知客僧用棒子吓走了!"

庵主说:"我真的不知道,那就是阿弥陀佛……"

庵主有眼如盲,不识诸佛八十随形好,不明阿弥陀佛化现乞丐、女人、狗子,是在说明佛心既是大悲心,由救济厄难的众生,平等护念一切有情而成就。大千有情形色虽殊,但佛性同体不二,不能了达此理,便不见诸佛如来。

念佛便是念自心,念佛更要念出慈悲心,不能如此,又怎能识得阿弥陀佛呢?

小老鼠

人和人之间，人和生物之间，只有"爱"才能解决问题。

慈惠法师的父亲张辉水老先生博学多闻，以持诵《金刚经》为日课。四十年前的台湾，鼠患猖獗，他家里的家具都被啃噬得坑坑洞洞。张老先生心生一计，在屋里的各个角落放置捕鼠器。果真老鼠一一落入陷阱之中。这些到处肆虐习惯的鼠辈们，一被关进笼子里，跑啊！跳啊！一刻都无法安静。

学佛多年的张老先生每天一有空，就搬张凳子坐在笼子旁，对着老鼠恭诵《金刚经》，有时也和他们说法："你们啊！就是因为前世起惑造业，今世才感得鼠身，不过，一念诚心的忏悔，就可以灭除三世罪业。记得，要发菩提心、慈悲心、无颠倒心、无妄想心，将来才能离苦得乐。"

儿女们起初对于父亲的举动一点也不以为然，总觉得是鸡同鸭讲，对牛弹琴。但是说也奇怪，十余天后，笼子里活蹦乱跳的老鼠们居然日渐驯服，不再奔走吵闹。过了几天，张先生便将它们带到郊外放生。

　　不知道什么时候开始，家里不再闹鼠患了，孩子们也在耳濡目染中，熏习到慈爱众生的美德。

　　佛教的慈悲思想，遍及一切众，无论怨亲，无论有情无情，不仅对人慈悲，对待动物更是如此。《本事经》便明确举出："修慈心解脱，若人若非人，一切诸有情，皆不能危害。"现代社会讲究生权，对于生态的保护更为积极。佛说："大地众生皆有如来智慧德相。"这个世间，其它生命与人一样重要，都值得尊重。

　　我们若能以爱心对待动物，它们也不会有所侵犯。然而许多时候人类往往怀着敌对的态度，或者任意捕杀，恣意食用，或者破坏牠们生存的环境，导致全球生态失衡。《大宝积经》有一句："身常行慈，不害众生。"人和人之间，人和生物之间，只有"爱"才能解决问题，如同这位张辉水先生不以自家环境整洁为主要考量，仍顾及到老鼠的生存问题。他以一份慈心诚意祈愿，不也皆大欢喜，人我圆满！

老师的爱心

只需一点用心，给予一点因缘与关爱，都会是他们心中的和风冬阳。

一九三七年，日本全面侵华战争开始，我那时才十岁。次年，家父在经商途中与家人突然失去联系，我曾经随母四处寻父未果，失怙的阴影始终笼罩在我幼小的心田里，挥之不去。

十六岁那年，我将思父之情宣泄在作文簿上，题目为"一封无法投递的信"。当时任教国文的圣朴法师阅毕，在评语栏中写着："铁石心肠，读之也要落泪。"他还花了两个钟点，在课堂上念给同学们听。对于这种厚爱，我已是感激不尽，没想到过了半个月以后，他高兴地拿了一叠报纸给我看。原来，他在课余时，将这篇文章誊写在稿纸上，并且亲自投邮到镇江《新江苏报》，竟获连载数日。

虽然老师当时什么也没有说，但是我心里明白，他之所以在报纸刊登后才让我知道，是为了怕万一不被录用，会伤害我的自尊。老师这种慈悲后学的风范令我感动不已，后来我一生都以他这种为人着想的精神待人处事。及至来台以后，每次想到圣朴法师，心中总是怀念不已。

一九八九年，我回大陆弘法探亲，很想当面感谢，却因来去匆忙，未能亲自拜望，只得托人请安赠礼，略尽心意，至今仍以为憾。

我常想，一个人能有一点成就，不光只是本身的条件具足，还需要旁人的因缘，假若我今天稍微有这么一点舞文弄墨的小本领，应该是圣朴法师对我的鼓励与肯定以及经验的累积，不但抓到了写作的要领，也丰富了我的生命。同样的，在教育过程中，老师协助学生发挥长才、特色，对于学生未来的发展十分重要，只需一点用心，给予一点因缘与关爱，都会是他们心中的和风冬阳，人生路上的善因妙缘。

方外之爱

感情，没有所谓的好或不好，全然在于我们如何处之。

过去，我有一位出家众同学，人长得相当庄严，却也因此招来许多情爱的考验。曾经有位年轻的女士热烈地追求他，不时以写信、送礼表达爱意。幸好我这位同学向道心很强，巧妙地将这份关怀、爱慕给淡化了，甚至为了远离她，不得已前往别处发展。然而，他对那位女士却始终感到抱歉。

时光飞快，一晃眼就是几十年，那位女士和我的同学都已是年过七十的白首老人了。有一天，两人偶然碰面了，我的同学就向那位女士说："感谢你过去对我的关怀，只因恨不相逢未剃时。我怕你伤心，所以等了几十年后，才将这句话告诉你。"

后来，同学告诉我，他是为了维护这位女士的自尊心,怕她认为他太上忘情,因此过了许多年后,才对她说出心里的想法。他说:"我现在心里好坦然喔! 今天终于有机会说出内心的话。这句话,不是为自己抱憾,而是为了顾念到她的尊严啊!"

同学处理感情问题,不是把爱情视作金钱,用还债的观念来偿还感情。正确的方式该是立志做好人、立志为人服务、立志读书、立志修道、立志向上,做一个为大众奉献的世间有情人。

佛教有句话说"情不重,不生娑婆",然而,感情却赋予人生命的意义。感情,没有所谓的好或不好,全然在于我们如何处之,因为"法非善恶,善恶是法",懂得转化,则如菩萨"觉有情",能够度人度己;若全凭感情用事,终将身陷泥淖,不可自拔。

对于感情,若视之为债物、游戏,恐将为情爱纷纷扰扰,终日惶惑不安。唯有真诚相待,才能见得情爱中的慈悲与圣洁。

四个老人

"热闹的慈悲"容易做,"寂寞的慈悲"却不容易。

　　人间要能融和,世界要能和平,就要以慈悲待人。慈悲,有"无缘的慈悲"和"有缘的慈悲"。对于亲人、朋友,自然会多付出一些关爱,这是"有缘的慈悲"。但是,这样的慈悲并不少见。倘若对一个不认识的人,仍然能够雪中送炭、济困解危,如此才是做到"无缘的慈悲"。

　　另外,"热闹的慈悲"容易做,"寂寞的慈悲"却不容易。因为对于被大灾难重创的灾区的救助工作,多半的人容易付出关爱、乐于参与。但是左邻右舍、僻壤陋巷里,那些饥困、贫穷、呻吟、孤独的人,却常常是乏人问津!还有一些人,企求在助人之后,得到回馈、奖励,这是"有相的慈悲";能做到无相、不计较、行善不望回报,这种"无相的慈悲"才是真正的慈悲。

　　耶稣教说要"爱你的仇敌",佛教讲"怨亲平等"。对于仇敌、冤家，我们都可以心怀感谢，视为善知识，这种慈悲不容易做。尽管真正的慈悲不容易做到，但心有慈悲，却能带来无限的利益。

有什么利益呢？曾经，弟子寄给我一篇文章，是一个十分动人的小故事：

一天傍晚，有个妇人准备把家里的垃圾拿到外面倒掉。门一打开，发现四个老人在寒风中颤抖，她心生慈悲，说道："老人家！天气寒冷，到我家里喝杯茶取暖好吗？"四个老人听了以后，反问："你们家里有男人吗？"妇人说："先生上班、儿子去上学了，家里没有男人。"四个老人说："你家里没有男人，我们不方便进去。"

过不久，先生下班回来，儿女也都下课回到家里。太太把稍早碰到的事情告诉大家，先生也生起慈悲心，说："天气这么冷，出去看看他们还在不在附近。现在家里有男人了，可以请他们一起进来吃饭。"

于是妇人到外面四处张望，看到四个老人，赶紧向前说："老人家！我先生回来了，他想请你们到家里用餐。"四个老人却说："我们四个人有一个规矩，只能派一个人当代表。这位叫做财富，那位是成功，他叫平安，我叫慈悲。你想要什么，就请哪一个人到你家里去。"

妇人一听,回去问先生:"老人家说有个规矩,只能由一个人代表进来。他们分别是财富、成功、平安、慈悲,我们要请哪一个人进来呢?"先生毫不考虑地说:"当然请财富。"妇人是家庭主妇,听了不以为然地说:"平安不是更好吗?"年轻的儿子说:"成功啦!"女儿说:"请慈悲进来最好。"

最后,先生决定依女儿的意思,请慈悲先生进来。妇人就去告诉四个老人:"我们决定请慈悲先生进来。"慈悲进了他们家,另外三个老人也跟着进门,妇人疑惑:"你们不是说只能有一个代表吗?"三个老人笑着说:"我们有一个惯例,慈悲到哪里,我们就到哪里。"

慈悲的重要,慈悲带来的利益,于焉可见!

心上人

超越爱恨情仇的二元对立,心纳一切众生,便能在
娑婆世界里任意悠游。

一个中学生下课回家,嘟着嘴向爸爸说:"我们班上
有个男生真讨厌,喜欢吃女生豆腐。"爸爸边看着新闻,
边听着女儿发牢骚。

隔天,中学生回到家,又是嘟着嘴向爸爸抱怨:"我
们班上有个男生真讨厌,喜欢捉弄我们女生。"爸爸还是
边看着新闻,边听女儿说,偶尔应一声"嗯"、"哦"便罢。

一连几天,中学生回到家总是嘟囔着:"我们班上那
个男生真讨厌……"这下子,爸爸才发现女儿"骂就是
爱"的心理,于是反问:"你们班上那个男生是不是你的
心上人?"中学生睁大眼,红着脸说:"怎么可能,爸爸你
乱说。"爸爸笑了笑,说:"怎么不是呢? 你'念'的都是你
们班上那个男生,从来就没有'念'过爸爸妈妈啊。"

中学生发牢骚、抱怨,口是心非,是因为心里在乎,

心有爱意。

爱与恨，其实无别无差；嗔恨的产生源自内心有爱，爱得不好，爱变了质就会成为恨。往往看两个人今朝爱得甜蜜快乐，明日便刀拳相向、杀己杀他；多年的情谊可以因为钱财、恶语、利害得失，而一笔勾销，割席绝交。世间的情爱，就得如此廉价吗？

真正懂得爱的人，知道无私奉献，慈悲待他，更其至提升情爱的层次，爱护一切有情众生。苏曼殊有诗云："禅心一任蛾眉妒，佛说原来怨是亲。雨笠烟蓑归去也，与人无爱亦无嗔。"超越爱恨情仇的二元对立，心纳一切众生，便能在娑婆世界里任意悠游，一如菩萨清凉月，常游毕竟空。

野兽心

人和野兽的分别不在于形体，而在于有道德、知廉耻、讲信义，能分辨是非善恶、有慈悲恻隐之心。

我在一本书里曾经翻到一则俏皮话，颇有意味。

小说家写道：狐狸炼成精灵，就可以变成人样。

深山僻远处，有一只野狐很相信这种说法。在长达两千年的时间里，它日夜勤苦修炼，还是不能变成人形。一天，野狐偶尔进城，看见有个反穿貂皮马褂的人，不禁大为惊奇，便去询问有道的长者："我想要变成人，修炼了两千年都不能成功。今天我看见一个人，上半身已经变成野兽了，请问他修炼了多少年？"

长者道："凡事要变化形体，首先必须要变化他的心。你虽然修炼了两千年，可是还没有变成人心，所以到底还是不能变成人形。今天你见到的，明明是人，而上半身已经变作野兽，这种人的心，早已变成兽心，所以不必修炼，随时可以变成野兽了。"

　　人和野兽的分别不在于形体，而在于有道德、知廉耻、讲信义，能分辨是非善恶、有慈悲恻隐之心。但是，人虽然自称"万物之灵"，一旦顺逆境界触碰到"人性弱点"的时候，往往会迷失了自己。当一个人的言行、作为不符合"人"的条件时，就会被讥为"禽兽不如"或"人面兽心"。就如《列子》所说的："夏桀、殷纣、鲁桓、楚穆，状貌七窍皆同于人，而有禽兽之心。"

　　所谓"诚于中，形于外"，佛教唯识家也认为万法都是"唯心所现"。佛陀大弟子之一的舍利弗尊者有一个朋友，曾经因为雕刻鬼像，长期观想罗刹狰狞面孔，日久后，竟然面现丑陋恐怖之相，当他改刻佛像后，则渐渐面相转变，如佛菩萨一般慈眉善目。

　　我们能以佛心待人，世界自成佛境；若以鬼心处世，净土也会变成魔界。

慈眼视众生

以慈眼抚视众生,是佛菩萨的大悲愿。

长年饥荒,让村庄的人们饥渴难忍,内心恶魔慢慢将良善吞噬。他们早已忘却慈悲道德为何物,想要活下去的冲动,让他们开始食人肉。

村庄住有三兄弟,决定逃离村庄,到他处寻找食物。翻山越岭,好不容易来到邻村求食,但些许的食物只够三兄弟维持几天。眼看就要吃完了,大哥与二哥商量:"只有杀妻食其肉,以求温饱!"于是,大哥先杀了自己的妻子,将肉分成五份。正当大家开始食用时,小弟望着大嫂的肉块,不禁潸然泪下,不忍心用。不久,二嫂也难逃被杀的命运,小弟更是哽咽万分,不愿进食。等到二嫂的肉块吃完后,二兄准备杀弟媳,此时的小弟再也忍不住:"杀妻的恶事,并非为人之道,我绝不做!"说毕,带着妻子逃往深山。

两人便在深山中以采野果充饥。岁月更迭，时光悠悠，耐不住山中朴实平淡的生活，妻子与一个跛脚汉暗通款曲，并计划谋杀亲夫，以求永久相守。

一日傍晚，妻子向小弟要求能一起上山采野果，小弟以山路险阻，不愿妻子冒险而婉拒。最后经不住妻子的请求，只好勉强答应。隔日，随同前往的妻子，一路观察地势。当到山高谷深的地方，趁着小弟未留神，一把将他推下山谷，便欢喜雀跃地回到跛脚汉身边。

落下山谷的小弟，被一名经过的商人搭救，保住了性命。小弟将自身的遭遇，向商人娓娓道来。同情之余，商人更感佩小弟的慈心，于是带着他一同而行。不久后，两人来到邻国。正值国王驾崩，却苦无太子继承王位，全国上下都为此而忧心忡忡。群臣请来智者占卜，得知将有一位贤者经过此地，是最佳的国王人选。群臣在城门口日夜守候，终于望见一辆马车，车中的青年目光散发出慈悲的气息。"就是他了！"群臣不约而同地说着，并欢喜地将青年迎接回宫。

新君即位，立即废除邪术，改以佛法的五戒、十善治国，全国呈现一片清净安乐的气象，他国人民闻名，纷纷前来归投。此时，小弟的妻子与跛脚汉也来到此国乞食。她谎称自己背着跛脚的丈夫一路逃难至山中,因闻国王仁慈待民,才前来归投。人民莫不赞赏妇人的美德,决定将她带到王宫,请国王嘉奖。妇人来到国王跟前,心中欢喜,准备领赏。

"还记得我吗?"国王认出了自己的妻子。

妇人抬头一望,竟是当年被自己推下山谷的丈夫,害怕得全身颤抖,跪地求饶。国王这才对群臣细说往事,执法的大臣要求国王将妇人处以死刑,国王说:"诸佛以慈悲为宝,我宁可牺牲自己的生命,也不能失去慈悲之心。"

群臣便将妇人驱逐出境,永远不让她踏入此地。

以慈眼抚视众生,是佛菩萨的大悲愿。即使顽劣的众生,在菩萨的眼里,都如己子一样守护,这样的心念举止,是我们从凡夫走上菩萨道须学习的课题,行得深,始能得到究竟圆满的利益。

以前是蝌蚪

肚量有多大，事业就有多大。

有一天，一只长有尾巴的水族，无意之间冒犯了龙王，于是龙王在盛怒之下，向所有的水族们下了一道命令：

"所有的水族们听好了！凡是你们带有尾巴的，都必须处以死刑，什么人来求情都没有用。"

这时候，几乎大半的水族类，一听到了这个坏消息，个个抱头痛哭，怨怪自己为什么要长尾巴。

这时候，没有长尾巴的青蛙也跟着大家一起放声大哭。

旁边的人看到了，感到很奇怪，便问道：

"青蛙大哥！人家要处决的，是有长尾巴的水族。你又没有尾巴，为什么还要哭得那么伤心呢？"

青蛙哀怨地拭去满脸的泪水，说："龙王另外也有提到,以前曾经长过尾巴的,一个也不能放过。我会这么难过,就是因为以前,我还没有变成青蛙的时候,是池塘里的小蝌蚪。那个时候的我,正是拖着一条尾巴啊!"

俗话说:"宰相肚里能撑船。"一个做大事的人,必须要有容人的雅量。肚量有多大,事业就有多大;事业有多大,器量必然有多大,这是自然的因果。有了开阔的心量,还要能不念旧恶,不计前嫌;遇事时,不殃及无辜,自然能得人助,成其大业,因为"有容乃大"啊!

"人之恩怨,恩不能忘,怨不能不忘",因为人生何处不相逢,相逢必在他日有缘中。假使有一天与人结了怨仇,又不忘旧恶,这样的人,要结交患难之友,是很困难的。因此,人与人的相处,纵然他人负我,旧恶犹如粪土污泥加诸于我时,只要我是一朵净莲,则世俗污染又何足以畏惧呢?

一念之间

天堂地狱都在一念之间,成功失败也在一念之间。

慈容法师在台北民权东路普门寺做住持时,有一天晚上,一个高头大马的男士神色怪异地跑到寺里,在走廊上大喊大叫:"我要杀人! 我要杀人!"大家听他这么一喊都不敢上前去。这时,慈容法师静静地走到他面前:"你要杀什么人?"他说:"我倾家荡产了,我所有的钱财都给朋友骗了。我要去杀他,以消心头之恨。"

慈容法师请他到客厅里坐,慢慢跟他谈,劝他不要太过冲动:"杀人不能解决问题,况且是犯法的。"

慢慢地谈了很久以后,这男士竟然说:"不然我自杀,我对不起老婆,对不起家人,对不起朋友,我实在无颜面对他们,我活不下去了!"

慈容法师过去在日本专修社会福祉,懂得心理学。于是耐心地劝慰他:"自杀也不能解决问题,留下妻子儿女怎么办呢？朋友不更为你伤心、难过嘛？要负起责任，勇敢面对现实……"

男子泄气地说："不能杀人又不能自杀，那你收我为弟子好了，出家后便一了百了。"

慈容法师说："这样好，你把名字、住址、职业、电话照实写下来。"

慈容法师立刻请人打电话给他太太，他的太太一得到消息，赶紧坐出租车赶来。两人一见面就是抱头痛哭，原以为太太会看不起他，但现在他觉得太太还是很爱他，于是，在慈容法师劝慰下，两人平平静静地回家去了。

两年后，夫妻俩买了好多礼物送给慈容法师，感谢他当初的帮助："师父！感谢你，让我有勇气再创业，你不但救了我一个人的命，也救了我的全家。"

慈容法师就说："一念之间，是很要紧的。天堂地狱都在一念之间，成功失败也在一念之间，凡事不往坏处想，往好处想，就会有办法解决问题的。"

人生难免会有山穷水尽时，自己一人只会胡思乱想，钻到死胡同里。这时一定要找信任的人谈谈、说说，为自己开出心情的出口，从中得到启发。

更积极的态度是平时养成的，时时灌输好的、善的、正面的、乐观的观念，做自己的主人，让眼、耳、鼻、舌、身、心都听自己的话，一旦困境来扰，就有坚韧的武器与敌人作战，而不会轻易被打倒了！